高职高专"十二五"规划教材

沟通与协调

张 卿 主编　张小菊 主审

化学工业出版社

·北京·

本书共七个模块,第一模块为沟通与协调基础,第二模块为情商管理,第三模块为有效倾听,第四模块为口头沟通,第五模块为书面语言沟通,第六模块为非语言沟通,第七模块为职场沟通与协调。本书可作为指导职业院校学生提升沟通与协调能力的教材使用,也可作为社会人员和培训企业员工的辅导用书。

图书在版编目（CIP）数据

沟通与协调/张卿主编．—北京：化学工业出版社，2014.10
（2023.2重印）
高职高专"十二五"规划教材
ISBN 978-7-122-21258-0

Ⅰ.①沟⋯　Ⅱ.①张⋯　Ⅲ.①人际关系学-高等职业教育-教材　Ⅳ.①C912.1

中国版本图书馆CIP数据核字（2014）第152299号

责任编辑：满悦芝　　　　　　　　　　　　文字编辑：颜克俭
责任校对：宋　玮　　　　　　　　　　　　装帧设计：韩　飞

出版发行：化学工业出版社（北京市东城区青年湖南街13号　邮政编码100011）
印　　装：北京科印技术咨询服务有限公司数码印刷分部
787mm×1092mm　1/16　印张8　字数192千字　2023年2月北京第1版第8次印刷

购书咨询：010-64518888　　售后服务：010-64518899
网　　址：http://www.cip.com.cn
凡购买本书，如有缺损质量问题，本社销售中心负责调换。

定　价：28.00元　　　　　　　　　　　　　　　　　　　　版权所有　违者必究

前言

沟通与协调是人与人之间、部门与部门之间、组织与组织之间进行信息交流的一种必要手段。它是一种社会行为，是时时发生在人们的生活和工作中的事情。沟通与协调不是一种本能，而是一种能力，更是一门艺术。沟通与协调能力需要在日常生活和工作实践中不断学习、总结、培养和训练。

美国著名学者约翰·奈斯比特曾指出："未来竞争是管理的竞争，竞争的焦点在于每个社会组织内部成员之间及其与外部组织的有效沟通。"随着社会的进步、经济的发展、结构的调整，社会、行业、企业要求人才不仅需要有较高的专业能力，更需要具备很强的沟通与协调能力。社会需要和谐、行业需要协同、企业需要发展，任何组织之间、组织内部部门之间、部门岗位及同事之间互为服务和支撑，只有团结合作才能协同、持续发展。沟通与协调能力当之无愧成为当下各行各业各岗位职业人所必须具备的基本能力，也是职业院校各专业学生和社会人士通往成功之门的职业核心能力。

"通则顺，不通则事事难成。"本书希望能为职业院校学生和社会人士提高沟通与协调能力、提高工作效率和工作满意度尽自己的微薄之力。

全书在强调实用性、实践性和应用性的基础上，力求形成以下特点。一是模块化：将知识、能力和素质目标内化到模块中，有机整合知识和能力点，引入大量案例，有效培养职业院校学生和社会人士有效沟通与协调的基本素质和能力。二是针对性强：根据职业院校学生生源和社会人士的特点，把学习知识、培养能力与体验情感有机结合，实现综合素质的提升。三是实用性强：即学即会，即会即用，即用即有效。

全书由石家庄职业技术学院张卿主编，樊莉莉、刘涛、郑楠、张素娟、张莹莹参编，张小菊、张卿审核。具体的编写分工如下：第一模块由樊莉莉编写，第二模块由郑楠编写，第三模块由刘涛编写，第四模块由张卿编写，第五模块和第七模块由张素娟编写，第六模块由张莹莹编写。在本书的编写过程中，编者参考了有关著作和资料，在此向相关作者表示诚挚的感谢。同时，由于时间紧，在本书的编写过程中编者的学院多名教师帮助整理资料，化学工业出版社也给予大力支持，在此表示真挚的谢意。

尽管我们在努力精益求精，但由于编者水平有限，书中若有不当之处，诚望专家、同行和广大读者批评指正，以便进一步修订和完善。

编者
2014 年 7 月

目　录
CONTENTS

模块一　沟通协调基础　　1

案例赏析 ……………………………………………………………………… 1
 案例一　在一次亚洲企业领袖评选活动中，中国的企业领袖没有一个人上榜 …… 1
 案例二　"打抱不平"的王秘书 …………………………………………… 1
 案例三　失败的交易 ………………………………………………………… 1

理论指导 ……………………………………………………………………… 2
 一、沟通 ……………………………………………………………………… 2
 二、沟通障碍 ………………………………………………………………… 9
 三、有效沟通 ………………………………………………………………… 14
 四、协调 ……………………………………………………………………… 17

模拟训练 ……………………………………………………………………… 21
感悟 …………………………………………………………………………… 21

模块二　情商管理　　22

案例赏析 ……………………………………………………………………… 22
 案例一　阿甘正传 …………………………………………………………… 22
 案例二　周瑜的情商 ………………………………………………………… 22

理论指导 ……………………………………………………………………… 23
 一、情商管理 ………………………………………………………………… 23
 二、情绪管理 ………………………………………………………………… 26
 三、自我管理 ………………………………………………………………… 31
 四、人际关系管理 …………………………………………………………… 35
 五、情商提升术 ……………………………………………………………… 38

模拟训练 ……………………………………………………………………… 42
感悟 …………………………………………………………………………… 42

模块三　有效倾听　　43

案例赏析 ……………………………………………………………………… 43
 案例一　一个在飞机上遭遇惊险却大难不死的美国人回家反而自杀了，原因何在？ … 43

案例二 三个小金人的故事	43
案例三 你是善于倾听的人吗?	44
理论指导	44
一、倾听的概念	45
二、倾听的步骤	45
三、倾听的作用	45
四、倾听的层次及类型	48
五、倾听的原则	49
六、倾听失败的原因	50
七、倾听的技巧	53
八、小结	54
模拟训练	54
感悟	55

模块四　口头语言沟通　56

案例赏析	56
案例一 朱元璋的老朋友	56
案例二 触龙说赵太后	56
案例三 对牛弹琴	57
理论指导	58
一、交谈	58
二、电话沟通	62
三、说服	66
模拟训练	69
感悟	69

模块五　书面语言沟通　70

案例赏析	70
案例一 新的总经理助理	70
案例二 陈某的配件	70
理论指导	71
一、采用书面语言沟通的优点与缺点	71
二、书面语言沟通应遵循的原则	73
三、书面语言沟通的常用文体类型	73
四、书面语言沟通的技巧	77
五、书面沟通中的书写要求	78
六、书面文件的阅读技巧	78
模拟训练	80
感悟	81

模块六　非语言沟通　　82

案例赏析　　82
- 案例一　《三国演义》中一个脍炙人口的故事——"空城计"　　82
- 案例二　愤然离去的员工　　82

理论指导　　83
- 一、非语言沟通的概念　　83
- 二、非语言沟通的重要性　　83
- 三、非语言沟通的特点　　83
- 四、非语言沟通分类　　84

模拟训练　　97
感悟　　98

模块七　职场沟通与协调　　99

案例赏析　　99
- 案例一　老练的秘书　　99
- 案例二　打小报告不会为你加分　　99
- 案例三　有情的推销员　　100
- 案例四　摩托罗拉的有效沟通　　101

理论指导　　101
- 一、与上级沟通与协调　　101
- 二、与同事沟通与协调　　106
- 三、与客户沟通与协调　　107
- 四、与下级沟通与协调　　111

模拟训练　　117
感悟　　119

参考文献　　120

模块一

沟通协调基础

知识目标：了解沟通协调的含义，理解沟通协调的重要性、原则及要求。

能力目标：通过让学生广泛参与力所能及的教学活动的策划、准备和组织，锻炼学生的团队合作能力、组织能力和创新能力；培养学生观察问题、分析问题的能力以及职业沟通能力。在本模块学会评估自己的沟通效果，并能运用一定沟通技巧做到有效沟通。

案例赏析

案例一 在一次亚洲企业领袖评选活动中，中国的企业领袖没有一个人上榜

该活动组织者曾给中国某企业的董事长和总经理各发了一份邀请函，并分别要求他们填写财务报表。结果，该企业的董事长和总经理所发回的财务数据竟然不一样。

先不怀疑他们是否造假，但可以肯定地说，他们之间缺少沟通。

在评委们看来，连最起码的沟通能力都不具备，还谈什么管理。

讨论

1. 为什么董事长和总经理发回的财务报表数据不同？
2. 中国企业领袖没有上榜的原因主要有哪些？
3. 从这个案例中你能联想到沟通在哪些方面对我们的工作生活很重要？

案例二 "打抱不平"的王秘书

王秘书进入总经理办公室时，总经理和副总经理正在激烈争论，王秘书听了一会儿后，当场附和了副总经理的意见，引起了总经理的不悦。

讨论

1. 总经理不高兴的根源是什么？
2. 如果你是王秘书，会如何做？
3. 从这个案例中，你可以看出沟通协调的重要性包含哪些方面？

案例三 失败的交易

吴威向一位客户销售家具，交易过程十分顺利。当客户正要掏钱付款时，另一位销售人

员跟吴威谈起昨天的足球赛,吴威一边跟同伴津津有味地说笑,一边伸手去接货款,不料客户却突然掉头而走,连家具也不买了。吴威苦思冥想了一天,不明白客户为什么对已经挑选好的家具突然放弃了。第二天早上9点,他终于忍不住给客户打了一个电话,询问客户突然改变主意的理由。客户不高兴地在电话中告诉他:"昨天付款时,我同你谈到了我的小女儿,她刚考上北京大学,是我们家的骄傲,可是你一点也没有听见,只顾跟你的同伴谈足球赛。"吴威明白了,这次生意失败的根本原因是因为自己没有认真倾听客户谈论自己最得意的女儿。

讨论

1. 导致交易失败的根源是什么?
2. 如果你是吴威,会如何协调当时的情况?
3. 从这个案例中,你可以看出积极聆听的重要性包含哪些方面?

理论指导

沟通协调是处理人际关系的一条重要途径,也是处理组织内外各种关系的重要途径。美国的成功学大师卡耐基坦言,沟通如同呼吸,是一个人生存所不可或缺的。当代大学生在校期间更应多加锻炼培养自身沟通协调能力,通过自己与家人、同学、老师在思想情感等方面的沟通,从而学会对学校及一般社会组织内部和外部的沟通协调。

一、沟通

(一) 沟通的概念

沟通是为了一个设定的目标,把信息、思想和情感,在个人或群体间传递,并且达成共同协议的过程。沟通不仅包括公务信息的传递和交流,也包含个人情感、思想和观点的交流。

在概念中,我们最重要的是要认识到沟通是一个双向过程,如图1-1所示。

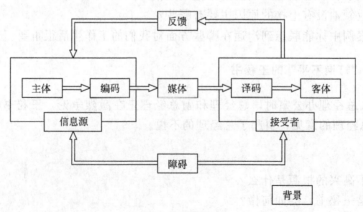

图1-1 沟通的过程

(二) 沟通的要素

1. 沟通至少要有一个明确的目标

只有大家有了明确的目标才叫沟通。如果大家谈话但没有目标,那就不是沟通,而是聊天。经常听到有人说：某某，咱们出去随便沟通沟通。随便沟通沟通，本身就是一对矛盾。沟通就要有一个明确的目标，这是沟通最重要的前提。所以，我们理解了这个内容之后，在和别人沟通的时候，见面的第一句话应该说："这次我找你的目的是……"。沟通时说的第一句话要说出你要达到的目的，这是非常重要的，也是你的沟通技巧在行为上的一个表现。

2. 达成共同的协议

沟通结束以后一定要形成一个双方或者多方都共同承认的协议，只有形成了这个协议才叫做完成了一次沟通。如果没有达成协议，那么这次不能称为沟通。沟通是否结束的标志就是：是否达成了一个协议。在实际的工作过程中，我们常见到大家一起沟通过了，但是最后没有形成一个明确的协议，大家就各自去工作了。由于对沟通的内容理解不同，又没有达成协议，最终造成了工作效率的低下，双方又增添了很多矛盾。在我们明确了沟通的第二个要素的时候，我们应该知道，在我们和别人沟通结束的时候，我们一定要用这样的话来总结：非常感谢你，通过刚才的交流我们现在达成了这样的协议，你看是这样的一个协议吗？这是沟通技巧的一个非常重要的体现，就是在沟通结束的时候一定要有人来做总结，这是一个良好的沟通行为。

你可以观察一下你的同学，他们在沟通结束后是否有这样的结束语？如果有这样的结束语，那么，标志着他掌握了一个良好的沟通技巧。

3. 沟通信息、思想和情感

沟通的内容不仅仅是信息还包括着更加重要的思想和情感。那么信息、思想和情感哪一个更容易沟通呢？是信息。

例如：今天几点钟起床？现在是几点了？几点钟开会？往前走多少米？

这样的信息是非常容易沟通的。而思想和情感是不太容易沟通的。在我们工作的过程中，很多障碍使思想和情感无法得到一个很好的沟通。事实上我们在沟通过程中，传递更多的是彼此之间的思想，而信息的内容并不是主要的内容。

（三）沟通的种类

1. 按沟通方式分类

沟通可分为口头沟通、书面沟通、图片沟通及非语言沟通。如表 1-1 所示。

表 1-1　沟通的种类

口头	书面	非语言
模式 一对一（面对面） 小组会 讲话 电影 电视/录像 电话（一对一/联网） 无线电 录像会议	信 传真 发行量大的出版物 发行量小的出版物 微博、微信 广告 计算机 报表 电子邮件	外表（衣着、头发等） 手势 身体姿态 语音语调 身体空间 眼神 表情

（1）**口头沟通**　在面对面的人际沟通中，人们多数采用口头语言直接沟通的方式，例如会谈、讨论、演讲以及对话等。口头语言沟通可以直接地及时地交流信息、沟通意见。这个过程取决于由"说"和"听"构成的言语沟通情境，说者在沟通过程中积极地对信息进行编码，然后输出信息。同时，听者也要积极地思考说者提供的信息，进行信息译码，从而理解信息源所发送的信息，将它们储存起来并对信息源做出反应。

(2) 书面沟通　在间接沟通过程中,书面语用得比较多。书面语沟通的好处是它不受时空条件的限制,还有机会修正内容,并便于保留,所以沟通的信息不容易造成失误,沟通的准确性和持久性都较高。同时,由于人们通过阅读接受信息的速度通常高于通过听讲接受信息的速度,因而在单位时间里的书面语言沟通的效率会较高。但是,书面语言沟通往往缺乏信息提供者的背景资料,所以对目标靶的影响力不如口头语言沟通的高。

(3) 非语言沟通　非语言沟通主要指说和写(语言)之外的信息传递,人们不仅通过他们说什么和怎么说进行沟通,而且还通过姿势、手势、面部表情、触摸,甚至他们站的位置与别人有多近进行沟通。非语言沟通与语言沟通往往在效果上是互相补充的。有人认为,在人所获得的信息总量中,语言的只占了7%,声音的占了38%,而来自于身体语言,主要是面部语言的信息大约占了55%。主要类型包括手势、身体姿态、音调、身体空间和表情等。

2. 按组织内部信息沟通的方向分类

沟通分为上行沟通、下行沟通、平行沟通与斜向沟通。

(1) 下行沟通　指自上而下的信息传递和沟通。主要目的是上级对下级明确行政目标、下达工作指示等,传递过程中忌讳机械死板地居高临下,还要注意信息的准确性,避免由于错误理解导致的失真现象。

(2) 上行沟通　即自下而上的沟通,亦称反馈。指组织中的成员、群体通过一定的渠道与决策层进行的信息交流,如下级向上级定期或不定期地汇报工作,进行情况或问题的反映,征求意见等。其目的要实现下情上传,上级可据此对下级作进一步指导或者修改其原有决策,完成行政任务。这种沟通方式既可以使上级了解下情,又可使下级获得心理上的满足。

(3) 平行沟通　又称横向沟通。是指在组织系统中处于相同层次的人、群体、职能部门之间进行的信息传递和交流,主要目的是谋求相互之间的理解和工作中的配合。

(4) 斜向沟通　又称交叉沟通、越级沟通,指组织内不同层级部门间或个人的沟通,时常发生在职能部门和直线部门之间。例如营销经理与品类管理组长之间的沟通。目的是为了工作中的配合和加快信息的传递。

平行沟通与斜向沟通有什么异同呢?平行沟通是指组织中各平行部门之间的信息交流;斜向沟通是指信息在不同层次之间的不同部门之间流动时的沟通。这两种沟通都跨越了不同部门、脱离了正式的指挥系统,但只要在进行沟通事先得到直接领导者的允许,并在沟通后把任何值得肯定的结果及时向直接领导汇报。

3. 按信息沟通的渠道分类

沟通可分为正式沟通与非正式沟通。这是我们日常工作常见的一种划分方式。

(1) 正式沟通　报告、请示、预算、会议等。

(2) 非正式沟通　座谈、总裁接待日、员工活动等。

有一些企业文化建设非常好的公司,经常运用非正式沟通,它可以起到比正式沟通更好的效果,如员工的康体活动、员工的生日会、头脑风暴会等。当然不同的企业会有不同的做法。

4. 按信息沟通是否存在反馈分类

沟通可分为单向沟通与双向沟通。

单向沟通,不允许对方提问,也就是说一方发送一个信息,另一方接受信息,这种沟通的模式在我们日常工作中相当普遍。如:公司的领导布置任务,或者向其他的同事交代一项工作、让他代办等,在进行这样的单向沟通时,应该特别注意所选择的沟通渠道,同时也必须要特别注意接受者的接受能力,以及你是否完整地表达出了你要传达的意思,要特别注意传递信息的方式以及传递信息的准确性。

沟通在正常的情况下应该是双向的,沟通应该是一个反复的过程,由一方首先传达给另一方,另一方有什么不理解,有什么意见等,反馈回来,然后再传达,再反馈,形成一个循环往复的过程。只有做到了这些,才能保证传达的信息准确无误。

(四)沟通的特点

1. 随时性

我们所做的每一件事情都是沟通。人的社会性决定了沟通必须是随时的,只要与人打交道,必须随时沟通,否则就会出现偏差。尤其是现代社会,人们的交流沟通越发趋向随时性,比如有一天不带手机,感觉就要与世界失去联系。

2. 双向性

我们既要收集信息,又要给予信息。我们在工作和生活的过程中,常把单向的通知或倾诉当成了沟通,一方说而另一方听,这样的效果非常不好,换句话说,只有双向的交流才叫做沟通,任何单向的都不能称为沟通。因此沟通也可以称为通俗的协商和讨论。

3. 情绪性

信息的收集会受到传递信息的方式或接收方状态所影响,而导致信息失真,从而产生沟通障碍。

4. 互赖性

沟通的结果是由双方决定的。可表现为人际关系的相互依存,通过对物质、能量、精神、感情的交换而使各自的需要得到满足。

【案例1】
不会沟通,从同事到冤家

小贾是公司销售部一名员工,为人比较随和,不喜争执,和同事的关系处得都比较好。但是,前一段时间,不知道为什么,同一部门的小李老是处处和他过不去,有时候还故意在别人面前"指桑骂槐",对跟他合作的工作任务也都有意让小贾做得多,甚至还抢了小贾的好几个老客户。

起初,小贾觉得都是同事,没什么大不了的,忍一忍就算了。但是,看到小李如此"嚣张",小贾一赌气,告到了经理处。经理把小李批评了一通,从此,小贾和小李成为绝对的冤家了。

小组讨论:

(1)小贾和小李的关系出现转变后,小贾应该采取什么样的沟通方式?

(2)在经理处告状对两个人的关系产生什么样的影响?

(3)如果你是小贾,你应该如何解决这种沟通矛盾?

(4)经理处理问题的方法是否妥当?有更好的办法吗?

【案例分析】 小贾所遇到的事情是在工作中常常出现的一个问题。在一段时间里,同事小李对他的态度大有改变,这应该是让小贾有所警觉的,应该留心是不是哪里出了问题了。但是，小贾只是一味忍让，这个忍让不是一个好办法，更重要的应该是多沟通。

小贾应该考虑是不是小李有了一些什么想法，有了一些误会，才让他对自己的态度变得这么恶劣，他应该主动及时和小李进行一次真诚的沟通，比如问问小李是不是自己什么地方做得不对，让他难堪了之类的。任何一个人都不喜欢与人结怨的，可能他们之间的误会和矛盾在比较浅的时候就会通过及时的沟通而消失了。

但是结果是，小贾到了忍不下去的时候，他选择了告状。其实，找经理来说明一些事情，不能说方法不对。关键是怎么处理。在这里小贾、经理、小李三人犯了一个共同的错误，那就是没有坚持"对事不对人"，经理做事也过于草率，没有起到应有的调节作用，他的一番批评反而加剧了二人之间的矛盾。正确的做法是应该把双方产生误会、矛盾的疙瘩解开，加强员工的沟通来处理这件事，这样做的结果肯定会好得多。

我们每一个人都应该学会主动地沟通，真诚地沟通，策略地沟通，如此一来就可以化解很多工作与生活中完全可以避免发生的误会和矛盾。

（1）沟通，是一种能力，并不是一种本能 它不是天生具备的，而是需要我们后天培养的，需要去努力学习、努力经营的。

我们在沟通方面的投资，是个成本收益比最低的投资。随着沟通时代的来临，未来的总裁可能会改名为"总沟通师"。

一个好的沟通师，能够把公司的很多矛盾、问题都解决掉，沟通也能够让每一个人更具有影响力，更顺利地实施自己的理念，从而使人生更美好。

（2）老板一般喜欢具备良好沟通能力的员工 假如在一个单位里面，有三四位员工，最能够得到老板提升的人很可能就是沟通能力最强的员工，因为他的沟通能力最强，所以他的执行力、所产生的工作绩效也会是最好的。

（3）沟通能力在求职中的作用 求职大概就三十分钟，最多一个小时，别人不太可能花个三五天来面试你，这三十分钟或一个小时里，面试者对求职者的关键印象是什么？就是沟通能力。如果你能把你所想展示的东西很充分地表达出来，你未来的老板会觉得你可能是一个很好的沟通者，能够将一些重任放在你身上，他就很愿意试用你。同样学历、同样工作经历的人有很多，在这一群人里面，他只会选择沟通能力强的人。

【案例2】
新员工的困惑

某同学A是一个典型的北方姑娘，在她身上可以明显地感受到北方人的热情和直率。她喜欢坦诚，有什么说什么，总是愿意把自己的想法说出来和大家一起讨论，正是因为这个特点，她在上学期间很受老师和同学的欢迎。今年，她从某大学的人力资源管理专业毕业，她认为，经过四年的学习自己不但掌握了扎实的人力资源管理专业知识，而且具备了较强的人际沟通技能，因此她对自己的未来期望很高。为了实现自己的梦想，她毅然只身去求职。

她最终选定了一家金融企业，但是到公司实习一个星期后，她就陷入了困境中。原来，该公司是一个典型的中小型企业，充满了各种裙带关系，缺乏必要的管理理念，更不用说人力资源管理理念。在老板的眼里，只有业绩最重要，公司只要能赚钱其他的一切都无所谓。但是，她认为越是这样就越有自己发挥能力的空间，因此在到公司的第五天她拿着自己的建议书走向了直接上级的办公室。

"王经理，我到公司已经快一个星期了，我有一些想法想和您谈谈，您有时间吗？"她走到经理办公桌前说。

"来来来，本来早就应该和你谈谈了，只是最近一直忙于见客户就把这件事忘了。"王经理说。

"王经理，对于一个企业尤其是处于上升阶段的企业来说，要持续企业的发展必须在管理上狠下工夫。我来公司已经快一个星期了，据我目前对公司的了解，我认为公司主要的问题在于职责界定不清；雇员的自主权力太小致使员工觉得公司对他们缺乏信任；员工薪酬结构和水平的制定随意性较强，缺乏科学合理的基础，因此薪酬的公平性和激励性都较低。"她按照自己事先所列的提纲开始逐条向王经理叙述。

王经理微微皱了一下眉头说："你说的这些问题我们公司也确实存在，但是你必须承认一个事实——我们公司在赢利。这就说明我们公司目前实行的体制有它的合理性。"

"可是，眼前的发展并不等于将来也可以发展，许多中小企业都是败在管理上。"

"好了，那你有具体方案吗？"

"目前还没有，这些还只是我的一点想法而已，但是如果得到了您的支持，我想方案只是时间问题。"

"那你先回去做方案，把你的材料放这儿，我先看看然后给你答复。"说完王经理的注意力又回到了业绩报告上。

她此时真切地感受到了不被认可的失落，她似乎已经预测到了自己第一次提建议的结局。

果然，她的建议书石沉大海，王经理好像完全不记得建议书的事。她陷入了困惑之中，她不知道自己是应该继续和上级沟通，还是干脆放弃这份工作，另找一个发展空间。

【案例分析】 刚毕业的大学生、研究生是企业人才招聘的主要来源之一。这部分人群的主要特点是成就动机较强，期待别人的认可；急于把自己的所学运用到实践中去，因此渴望受到较少的限制，拥有更大的自由发展空间；具有很强烈的挑战和创新精神，不甘于维持现状；理论水平高但缺乏实践经验，对现实的看法比较理想化；做事急躁，更渴望看到结果而忽略过程等。

本案例就是一个典型的由于管理者缺乏新员工导入机制理念而导致上下级沟通失败，最终使新员工的积极性受挫的案例。她满腔热情想把自己的所学应用到实践中去，从而获得成就感。可是她的直接上级却没有认识到她的特点和需求，过分强调她缺乏实践经验的一面，对她的行为做出了消极的反馈，致使她的积极性受到打击。

【案例分析问题1】 请根据沟通过程的理论分析此次沟通失败的原因

沟通是一个信息交流过程，有效的人际沟通可以实现信息的准确传递，达到与其他人建立良好的人际关系、借助外界的力量和信息解决问题的目的。但是由于沟通主客体和外部环境等因素，沟通过程中会出现各种各样的沟通障碍，如倾听障碍、情绪噪声、信息超载等。因此，为了达到沟通的目的，必须首先认识到沟通中可能存在的障碍，然后采取适当的措施加以避免，从而实现建设性的沟通。

任何沟通都是有目的的，沟通双方都希望通过沟通满足自己某方面的需要。在本案例中根据同学A的个性和心理等特点，她在本次沟通中可能的目标有：①从公司利益出发，提出自己的建议，希望能解决公司的管理问题；②满足一个刚毕业的大学生的成就动机需要，仅仅是通过向上级表达自己的观点证明自己是一个能干的人，因此希望获得上级的肯定和认同；③从她的性格来看，她可能只是想找一个人来探讨交流自己的观点，希望对方能和自己一起讨论完善自己的观点。而王经理是公司可能的未来一把手，他更关心公司的盈利状况和自己在公司中的地位和影响力。而且他又是主要负责研发工作的，在思维逻辑和处世方法上就会更注重实证的、数据性的东西，追求理性和准确明晰。

在本次沟通中同学A可能更倾向于通过沟通满足自己的成就和自我实现需要，因此更希望获得王经理的及时反馈，即使王经理不同意自己的观点也应该说明理由并肯定自己的做法和精神。而王经理则可能更希望她在了解公司实际情况后，在少触及利益关系的前提下针对公司的管理问题提出具体可行的解决方案，而且这种方案有助于巩固提高自己的地位或者至少不受损害。由此可以看出，本次沟通失败的原因之一在于没有明确对方的沟通目标，从而向对方传递了不合适的信息。

【案例分析问题2】 根据此次失败的沟通，分析沟通需要把握的原则

实现建设性沟通应该遵循一些原则。在本案例中沟通失败的另一个原因就是沟通双方没有很好地掌握和运用这些原则。

(1) 同学A忽略了信息组织原则 在本案例中她仅仅是到公司才不到一个星期的新员工，以前也没有任何工作经验，因此在提建议时很容易给同事或上级一种"异想天开、脱离实际、年轻气盛"的感觉。

(2) 同学A忽视了正确定位原则 本案例主要是下级向上级提建议，希望上级给予认可和支持。因此最好的做法是以事实为导向，先描述公司中存在的事实和问题，使上级认识到问题的存在和解决的必要性，然后适时地提出自己的建议。

(3) 沟通双方缺乏某些沟通技能 在本案例中她在没有任何铺垫的情况下，就亮出了自己的观点——列数公司的管理问题，在某种程度上使王经理觉得这更像是一次抱怨而非建议。而王经理呢，在刚听了没几句之后就"微皱眉头"表现出不耐烦的样子，最终以要方案为名打断了谈话。

【案例分析问题3】 请根据此案例探讨沟通需要哪些策略

沟通讲究策略。在本案例中双方在沟通中由于观点的不同产生了冲突，这种冲突属于简单冲突。在面对冲突时双方选择了各自的策略。王经理利用他的地位和权力驳回了同学A的建议，也即采取了权力支持型的策略。而她面对王经理的回绝和在权力地位的压力之下对冲突采取暂时回避的态度。也就是说双方在选择沟通策略的时候都没有作出继续沟通的努力，因此也就没有给达成一致留下余地，沟通失败在所难免。

【案例启示】 沟通是企业中人力资源管理工作的一个重要方面。良好的组织沟通可以稳定员工、降低离职率、提高员工满意度和企业归属感、在企业中塑造团结和谐的组织氛围等。对于新员工来说，在他们刚进入组织时进行有效的沟通和引导对留住和培养他们在以后工作中的积极性起着极为关键的作用，尤其是与其直接上级的沟通。通过对本案例的分析，我认为企业在引导新员工方面应该注意以下几个方面的工作。①给新员工安排一个专业技术强而且善于给新员工提供指导的直接上级。②给新员工提供了解公司实际情况的各种渠道，使他们避免由于缺乏经验而在工作中盲目和过于理想化。③鼓励新员工多提建议，并且对他们提出的建议给予及时地反馈，即使这些建议对公司并没有太大的实际意义，也应该对他们

的这种精神给予肯定和赞扬，并鼓励他们再接再厉。如果由于各种原因这些建议不能在公司中施行，应该向他们说明不能实施的原因。④给新员工提供明确的工作指导，使他们明白自己的努力方向和上级对自己的期望。

二、沟通障碍

沟通障碍是指信息在传递和交换过程中，由于信息意图受到干扰或误解，而导致沟通失真的现象。在人们沟通信息的过程中，常常会受到各种因素的影响和干扰，使沟通受到阻碍。沟通中存在的障碍按类别可分为个人障碍（主观障碍）和组织障碍（客观障碍）两大类。

（一）个人障碍

个人的性格、气质、态度、情绪、见解等的差别，使信息在沟通过程中受个人的主观心理因素的制约。人与人之间存在的沟通障碍被称为个人障碍或主观障碍，包括：地位差异、信息的可信度、认知的偏误、过去的经验、情绪的影响。

1. 地位差异

地位的差异可从以下两个方面来考察。

（1）下对上好沟通，还是上对下好沟通？下级人员的畏惧感也会造成障碍。经理或厂长这样比较高的主管，不要埋怨下属不来找自己，反而要自己每天去找他们沟通。这个道理很容易明白，谁敢与上面沟通？根据心理学上的研究，由上往下沟通比较快也比较容易，由下往上沟通比较慢也比较困难。主管人员和下级之间相互不信任，而相互不信任则会影响沟通的顺利进行。

（2）专门术语　各行各业都有它的专门术语，所以与其他不懂这一行的人沟通，不要过度地炫耀自己的专业素养、搬弄专门术语。对方不好意思说听不懂，会令人产生隔阂感，因此失去了沟通的机会。建议在沟通时，遇到专有名词，尽量地将其直白化，采用让对方听得懂的方式进行沟通。

【案例3】
Z君的苦恼

Z君刚刚从名校管理学硕士毕业，出任某大型企业的制造部门经理。Z君一上任，就对制造部门进行改革。他发现生产现场的数据很难及时反馈上来，于是决定从生产报表上开始改进。借鉴跨国公司的生产报表，Z君设计了一份非常完美的生产报表，从报表中可以看出生产中的任何一个细节。

每天早上，所有的生产数据都会及时地放在Z君的桌子上，Z君很高兴，认为他拿到了生产的第一手数据。没有过几天，出现了一次大的质量事故，但报表上根本没有反映出来，Z君这才知道，报表的数据都是随意填写上去的。

为了这件事情，Z君多次开会强调，认真填写报表的重要性，但每次开会，在开始几天可以起到一定的效果。但过不了几天又返回了原来的状态。Z君怎么也想不通。

【案例分析】　Z君的苦恼是很多企业中经理人的普遍烦恼。现场的操作工人，很难理解Z君的目的，因为数据分析距离他们太遥远了。大多数工人只知道好好干活，拿工资养家糊口。不同的人所站的高度不一样，单纯的强调、开会，效果是不明显的。

站在工人的角度去理解，虽然Z君不断强调认真填写生产报表，但这距离他们比较远，而且大多数工人认为这和他们没有多少关系。

后来，Z君将生产报表与业绩奖金挂钩，并要求干部经常检查，工人们才知道认真填写报表。在沟通中，不要简单地认为所有人都和自己的认识、看法、高度是一致的。对待不同的人，要采取不同的模式，要用听得懂的"语言"与别人沟通！

2. 信息的可信度

在按层次传达同一条信息时，往往会受到个人的记忆、思维能力的影响，从而降低信息沟通的效率。所以在讲话和传递信息的时候，至少要有80%的可信度。没有可信度的信息讲多了没有人相信，最后不但浪费时间，还会影响到沟通的效果。当然，若主管人员和下级之间相互不信任，同样也会影响沟通的顺利进行。

3. 认知的偏误

社会上存在很多偏误，是日积月累形成的。如同样职位，用男职员比用女职员好，这句话就是一种认知偏误。社会文化背景不同、种族不同、对信息的态度不同也会导致认知偏误从而影响信息沟通。

请阅读下面的一段对话。

A国老板：完成这份报告要花费多少时间？

B国员工：我不知道完成这份报告需要多少时间。

A国老板：你是最有资格提出时间期限的人。

B国员工：10天吧。

A国老板：你同意在15天内完成这份报告吗？

B国员工：没有做声（认为是命令）。

15天过后，A国老板：你的报告呢？

B国员工：明天完成。（实际上需要30天才能完成。）

A国老板：你可是同意今天完成报告的。第二天，B国员工递交了辞职书。

请从沟通的角度分析A国老板和B国员工对话，分析B国员工辞职的原因并提出建议。

（1）在人与人的沟通过程中，有一定的特殊性，即由于人们的政治观点、经济地位、年龄、经历、宗教、习惯等的不同，在沟通过程中，对同样的事情或谈话会有不同的解释和归因。

（2）在案例的对话中，A国老板问B国员工完成报告的时间，实际上是在征求B国员工的意见（这是与A国管理的传统习惯有关），而B国员工并非不知道完成报告所需要的时间，只是想让A国老板下命令（B国员工习惯于命令式的管理）。15天过后，A国老板要报告（要信守承诺），而B国员工已经尽力把30天的工作用16天完成了（并且认为延迟些时间没有问题）。B国员工认为A国老板找麻烦，因此不得已而辞职。

（3）要认识和掌握在沟通过程中个体差异及其影响，从而保证沟通的有效性。如我们通常所说的移情作用、设身处地等就是有效沟通的手段。

4. 过去的经验

如果双方在经验水平或知识结构上差距过大，就会产生沟通的障碍。因为经验不一定是正确的，也有错误的经验，也可能是不符合现实情况的经验，正如成功不可复制，仅仅凭过去的经验去沟通是不够的。如一位主管常常说"这是我的经验。"就不如说"我过去遇到这种事情的时候，我有这种想法，现在说出来给你作个参考。"

5. 情绪的影响

情绪所涵盖的不只是精神层面，其所影响的也不只是个人感受的问题，还影响认知思考、行为表现。有人将情绪、行为、认知比作等边三角形的三个角，三者必须配合而非抗衡，才能使个人身心状态处于平衡状态。

古代先哲亚里士多德曾说过："问题不在情绪本身，而是情绪本身及其表现方法是否适当。"各式各样的困扰之源并不在情绪，关键在于你能明白妥善处理情绪的重要性。

（二）组织障碍

小组、部门或公司等组织间存在的沟通障碍被称为组织障碍或客观障碍，组织内部机构臃肿，结构设置不合理，各部门之间职责不清，分工不明，就会给沟通双方造成一定的心理压力，引起传递信息的失真和歪曲，从而失去信息沟通的有效性。另外，组织长期形成的传统及气氛等对内部的沟通效果也会直接产生影响。具体的包括：信息泛滥、时间压力、组织氛围、信息过滤、信息反馈。

1. 信息泛滥

1941年12月，日本偷袭了珍珠港，结果1942年，罗斯福总统在他的档案里面突然发现一件报告，说："哎呀，中国在去年四月就通知我们，日本人可能偷袭珍珠港。"第一个知道日本可能偷袭珍珠港的是中国情报部，根据情报，日本人可能要发动太平洋战争、偷袭珍珠港，没有想到这么重要的一条信息却淹没在了一大堆的档案里面，等到罗斯福在第二年看到的时候，距离珍珠港被偷袭已过去了五个月，这就叫做信息泛滥。

自从进入信息时代以来，人们每天都要处理大量信息，而这些信息可能有一半以上是垃圾信息，而有用的信息则可能被淹没，这大大降低了工作效率和沟通效果。

所以送报告给领导看时，要将大量信息进行整理。一般而言，如果普通员工所看的信息是30页，给经理、副经理看最好就是20页，给总经理、副总经理看最好就是10页，给董事长看最好就是5页。像宝洁公司有一句名言所说"尽量用一张纸。"所以公司送董事长、总经理、厂长等的文件上面一定要有一个摘要，不管下面有多少页，摘要一定要把重要的事情讲完。

2. 时间压力

在时间的压力下，很容易产生仓促的决定。管理学上有一个很有名的理论，叫做芝麻绿豆原理。所谓芝麻绿豆原理，就是对于重要的事情两三天就下决定了，而对于"芝麻绿豆"的事情却拖了两个月都没有下决定。重大决策有时太过于仓促就下决定了，而"芝麻绿豆"的事却要权衡再三。

3. 组织氛围

造成组织沟通障碍的氛围有以下两种情况。

（1）不同意见就是负面的　对不同的意见，我们总是抱着负面的看法，所以很多人对主管和上层不敢讲负面的意见，因为组织的氛围不允许存在这种负面的意见，认为负面就是不好，就会存在沟通障碍。存在不同的意见在所难免，但是不同的意见常常可以改善决策。没有意见的公司也永远不会有很好的点子，所以要鼓励意见，只有让每个人都以积极的态度加入其中，最终才能得出正确的答案。

（2）冲突能免则免　人与人之间发生冲突在所难免，所以要尽量使用沟通技巧，解决这种人际关系。作为组织管理者，应该注意这种组织氛围，不但要鼓励他们发生"冲突"，要容忍，而且还要承认这是一种人性。想制定正确的目标，就必须营造一种讲话氛围，讲话的人可以大声地争论、激烈地讨论，可以有"合理的冲撞"。

4. 信息过滤

同样的信息由于接收人的不同会产生不同的效果，信息的过滤、保留、忽略或扭曲是由接收人主观因素决定的，是他所处的环境、位置、年龄、教育程度等相互作用的结果。另外，对信息的态度不同也会产生信息过滤，如有些员工和主管人员忽视对自己不重要的信息，而只重视和关心与他们利益有关的信息。

5. 信息反馈

领导讲完话就走了，听讲话的人随手做做笔记就算了，这一切都是没有反馈的表现。缺乏信息反馈会产生以下两种不同的后果：其一，对方不知道你在讲什么；其二，对方只按照自己的想法去做。

克服此类障碍有三种方法：利用反馈；简化语言；主动倾听。

（1）利用反馈　利用反馈不单是指我们交代别人要求他反馈，同样，别人交代的事情我们也要问清楚。如果有人要求你去买一本笔记本，你应马上询问，笔记本是空白的还是有格子的，对方可能会说两种笔记本都可以。

——那意思就是随便选一种了？——好。

——100页的还是50页的？——我希望是100页左右。

——皮是硬壳的还是带皮面的？——还是普通的吧。

只要把该问的话都问到了，买笔记本回来，对方肯定什么话都没有；否则，你会发现，空白的笔记本一买回去，对方却希望是有格子的。你为自己抱怨叫屈，事先怎么不讲清楚呢？事实上，不是他不讲，而是因为你没有问。很多人做事都是这样费力不讨好。千万不要怪对方讲不清楚，应该说你没有养成喜欢问的习惯。所以，事前问清楚，事后负责任，大家不要推、托、赖。这是有效沟通非常重要的基础和应该养成的良好习惯。

（2）简化语言　一个人讲话漫无边际，可能是思路混乱的表现，也可能是委婉曲折地达到目的的手段。简化语言的重中之重就是讲话要有重点。一个人的注意力只有10分钟，到对方那里去沟通，向别人作简报，或向别人介绍产品的时候，要先准备一下，不管沟通时间长短，讲的永远是重点。沟通时不仅要注意重点，而且还要善用比喻，用很简单的方法说出来，让对方一听就明白。

（3）主动倾听　要客服沟通障碍，要学会主动倾听，而不要堵别人的话头，不要让说者欲言又止，产生反感。即使说者看上去在对你发脾气，也不要反击，要把对方的话听完。

6. 沟通中的障碍来源

沟通中存在的障碍按来源分类，则障碍可能存在于发送方、传递渠道、接收方三个方面。

（1）发送方可能存在的沟通障碍　在沟通过程中，信息发送方的情绪、倾向、个人感受、表达能力、判断力等都会影响信息的完整传递。障碍主要表现在：表达能力不佳；信息传送不全；信息传递不及时或不适时；知识经验的局限；过滤掉信息。

（2）传递渠道可能存在的沟通障碍

① 选择沟通媒介不当。比如对于重要事情而言，口头传达效果较差，因为接收者会认为"口说无凭"、"随便说说"而不加重视。

② 几种媒介相互冲突。当信息用几种形式传送时，如果相互之间不协调，会使接收者难以理解传递的信息内容。如领导表扬下属时面部表情很严肃甚至皱着眉头，就会让下属感

到迷惑。

③ 沟通渠道过长。组织机构过于庞大,中间层次和环节太多,从最高层传递信息到最低层,从低层汇总情况到最高层,容易使信息损失较大甚至失真,并且浪费时间。

④ 外部干扰。信息沟通过程中经常会受到自然界各种物理噪声、机器故障的影响或被另外事物干扰所打扰,也会因信息的发送者和接收者双方空间距离太远而沟通不便,影响沟通效果。

【案例4】 梁经理的沟通渠道

研发部梁经理进公司不到一年,工作表现颇受主管赞赏,不管是专业能力还是管理绩效,都获得大家肯定。在他的缜密规划之下,研发部一些延宕已久的项目,都在积极推行当中。

部门主管李副总发现,梁经理到研发部以来,几乎每天加班。他经常第2天看到梁经理电子邮件的发送时间是前一天晚上10点多,接着甚至又看到当天早上7点多发送的另一封邮件。这个部门下班时总是梁经理最晚离开,上班时第一个到。但是,即使在工作量吃紧的时候,其他同仁似乎都准时走,很少跟着他留下来。平常也难得见到梁经理和他的部属或是同级主管进行沟通。

李副总对梁经理怎么和其他同事、部属沟通工作觉得好奇,开始观察他的沟通方式。原来,梁经理总是以电子邮件交代工作。他的属下除非必要,也都是以电子邮件回复工作进度及提出问题,很少找他当面报告或讨论。对其他同事也是如此,电子邮件似乎被梁经理当作和同仁们合作的最佳沟通工具。但是,最近大家似乎开始对梁经理这样的沟通方式反应不佳。李副总发觉,梁经理的属下对部门逐渐没有向心力,除了不配合加班,还只执行交办的工作,不太主动提出企划或问题。而其他各级主管,也不会像梁经理刚到研发部时,主动到他房间聊聊,大家见了面,只是客气地点个头。开会时的讨论,也都是公事公办的味道居多。

李副总趁着在楼梯间抽烟碰到另一部门的陈经理时,以闲聊的方式问及梁经理工作情况,陈经理说梁经理相当认真,可能对工作以外的事就没有多花心思。李副总也就没再多问。

这天,李副总刚好经过梁经理房间门口,听到他打电话,讨论内容似乎和陈经理业务范围有关。他到陈经理那里,刚好陈经理也在讲电话。李副总听谈话内容,确定是两位经理在谈话。之后,他找了陈经理,问他怎么一回事。明明两个主管的办公房间就在隔邻,为什么不直接走过去说,竟然是用电话谈。陈经理笑答,这个电话是梁经理打来的,梁经理似乎比较希望用电话讨论工作,而不是当面沟通。陈经理曾试着要在梁经理房间谈,陈经理不是以最短的时间结束谈话,就是眼睛还一直盯着计算机屏幕,让他不得不赶紧离开。陈经理说,几次以后,他也宁愿用电话的方式沟通,免得让别人觉得自己过于热情。

了解这些情形后,李副总找了梁经理。梁经理觉得,效率应该是最需要追求的目标。所以他希望用最节省时间的方式,达到工作要求。李副总以过来人的经验告诉梁经理,工作效率重要,但良好的沟通绝对会让工作进行得顺畅许多。

【案例分析】 很多管理者都忽视了沟通的重要性,而是一味地强调工作效率。实际上,面对面沟通所花的些许时间成本,绝对能让沟通大为增进。

沟通看似小事情，实则意义重大！沟通通畅，工作效率自然就会提高；忽视沟通，工作效率势必下降。

作为专业管理人员，不仅需要扎实的业务技能和专业知识，而且需要良好的沟通能力，与内部人员沟通、与外部人员沟通、处理内外各方关系等，都离不开良好的沟通技巧。希望大家通过以上的小故事，有所思考和感悟，在实际工作中有目的地加以运用，提高沟通的能力。

（3）接收方可能存在的沟通障碍

从信息接受者的角度看，影响信息沟通的因素主要包括：接受者认知上的障碍、理解能力低、情绪的影响、过早地评价、信息量过大、信息译码不准确、对信息的筛选、对信息的承受力、心理上的障碍等方面。

三、有效沟通

有效沟通是通过听、说、读、写等载体，通过演讲、会见、对话、讨论、信件等方式将思维准确、恰当地表达出来，以促使对方接受。有效沟通是一种技能，是一个人对本身知识能力、表达能力、行为能力的发挥。有效沟通是企业竞争力的核心要素，是企业各项工作顺利进行的前提。

（一）有效沟通的意义

1. 组织做出正确决策，成员准确理解决策，提高工作效率，化解管理矛盾的必要前提

组织决策需要一个有效的沟通过程才能制定并施行，沟通的过程就是对决策的理解传达的过程。决策表达得准确、清晰、简洁是进行有效沟通的前提，而对决策的正确理解是实施有效沟通的目的。在决策下达时，决策者要和执行者进行必要的沟通，以对决策达成共识，使执行者准确无误地按照决策执行，避免因为对决策的曲解而造成执行失误。

一个企业的群体成员之间进行交流包括相互在物质上的帮助、支持和感情上的交流、沟通，信息的沟通是联系企业共同目的和企业中有协作的个人之间的桥梁。由于对信息感知存在差异性，就需要进行有效的沟通来弥合这种差异性，以减小由于人的主观因素而造成的时间、金钱上的损失。准确的信息沟通无疑会提高工作效率，使人们舍弃一些不必要的工作，以最简洁、最直接的方式取得理想的工作效果。为了使决策更贴近市场变化，企业内部的信息流程也要分散化，使组织内部的通信向下一直到最低的责任层，向上可到高级管理层，并横向流通于企业的各个部门、各个群体之间。在信息的流动过程中必然会产生各种矛盾和阻碍因素，只有在部门之间、职员之间进行有效的沟通才能化解这些矛盾，使工作顺利进行。

2. 从表象问题过渡到实质问题的手段

组织管理讲求实效，只有从问题的实际出发，实事求是才能解决问题。而在沟通中获得的信息是最及时、最前沿、最实际、最能够反映当前工作情况的。在组织管理中出现的各种各样的问题，如果单纯的从事物的表面现象来解决问题，不深入了解情况，接触问题本质，会给组织带来灾难性的损失。企业是在不断解决经营中的问题中前进的，企业中问题的解决是通过企业中有效的沟通实现的。

3. 协调组织内部各种关系，使组织成为一个整体的凝聚剂

由于各成员的地位、利益、知识、能力以及对组织目标的理解和掌握信息的不同，就会产生不同的个人目标，要使组织目标能顺利实现，就需要相互交流意见，统一思想，没有沟通就没有协调，也就没有组织目标的实现。

4. 领导者激励下属，实现领导职能的基本途径

领导者要引导追随者为实现组织目标而共同努力，追随者要在领导者的带领下，在完成组织目标的同时实现自己的愿望，而这些都离不开相互之间的沟通。

5. 组织与外部环境建立联系的桥梁

企业必然要和顾客、供应商、股东、政府、社会团体等发生各种各样的联系，这些都要求企业必须与外部环境进行有效的沟通。而且，由于外部环境永远处于变化中，企业为适应环境的变化，就必须与外界保持持久的沟通。

（二）有效沟通的条件

1. 发送者所发出的信息应完整而准确

信息发送者应清晰地表达信息的内涵，沟通的内容要明确，语言要简明、准确、通俗化、具体化，同时保证信息的有效性，以便信息接收者能确切完整地理解。

2. 信息在传递过程中没有损失

信息发送者应注意信息传播过程中的信息有无折损，通过接收者的反馈来及时修正信息的传递，同时在信息传递中要尽量减少重复，缩短信息传递链，以减少信息传递中的失真。

3. 接收者必须真正理解接收到的信息

信息接收者接收到信息后，要将信息回译成思想，只有当发送者和接收者对符号的意思报有相同的、或者至少有类似的理解时，才有准确的信息沟通。"理解"是指发送者和接收者的心心相通，所以要求信息接收者须及时反应，与信息发送者建立良好互动，从而真正理解所接收到的信息，而做到这一点的先决条件是要对发送者的信息付出时间并全神贯注地倾听、理解。

（三）有效沟通的原则

1. 准确性原则

表达的意思要准确无误。强调沟通目标明确、信息准确，减少信息失真。通过交流，沟通双方就某个问题可以达到共同认识的目的，使沟通有效果。

2. 完整性原则

表达的内容要全面完整。强调沟通信息完整，避免选择性。

3. 及时性原则

沟通要及时、迅速、快捷。强调沟通的时间概念。沟通的时间要简短，频率要增加，在尽量短的时间内完成沟通的目标，使沟通有效率。

4. 策略性原则

要注意表达的态度、技巧和效果。强调沟通的人性化作用。沟通要使参与沟通的人员在心情愉快的前提下认识到自身的价值，从而实现共赢的思想。

（四）工作中的有效沟通

1. 如何与上级沟通

我们每个人不可能都成为领导，但是几乎每个人都会成为下属。和上级打交道是自己日常工作的重点，因此与上级沟通必须引起高度重视。与上级沟通需要注意的是以下几点。

（1）要拥有良好的向上沟通的主观意识　首先，尊重上级，是和上级沟通的前提，要持真诚的尊重领导的态度，要艺术有效地表达反对意见。其次，作为下属要时刻保持主动与领导沟通的意识，不要仅埋头工作而忽视与上级的主动沟通。要有效展示自我，让自己的能力和努力得到上级的高度肯定，只有与领导保持有效的沟通，方能获得领导器重而得到更多的机会和空间。再次，要换位思考，站在领导的角度上寻求对上级领导处理方法的理解。

（2）寻找对路的向上沟通方法与渠道　寻找合适的沟通方法与渠道十分重要。被管理者要善于研究上级领导的个性与做事风格，根据领导的个性寻找到一种有效且简洁的沟通方式是沟通成功的关键！当沟通渠道被外因所阻隔要及时建立起新的沟通渠道，多请示、勤汇报，时刻让领导知道你在做什么？做到什么程度？遇到什么困难？需要什么帮助？另外还要注意掌握良好的沟通时机，善于抓住沟通契机，不一定非要在正式场合与上班时间，也不要仅仅限于工作方面上的沟通，偶尔沟通交流其他方面的事情也能有效增进与领导的默契。

（3）有效的沟通技巧　在给足领导面子的同时不要丢失了自我个性，千万不要失了智慧。与上级沟通不等同于溜须拍马，沟通中首先要学会倾听，对领导的指导要加以领悟与揣摩，给领导的意见以"不否定、不批驳、不越位"为原则，要注意灵活，必要时说"不"。在表达自己意见时要让上级感到这是他自己的意见，巧妙借领导的口陈述自己的观点，赢得领导的认同与好感。日常工作中有时候由于沟通方式或时机等不当，造成与领导沟通出现危机，让领导产生误会与不信任时，要及时寻找合适的时机积极主动的给予解释清楚，从而化解领导的"心结"。

2. 如何与同事沟通

与同事沟通是每一位职场人成功的关键因素。首先要以诚相待，平等对待同事，尊重同事，宽容同事；其次要掌握一定的沟通技巧，比如灵活表达观点，多用鼓励的、赞美的语言，与同事多联络等；再次要注意防止出现沟通忌讳，比如切忌背后打小报告，切忌你争我抢，切忌将所有的责任背上身，切忌打破同事间的"游戏"规则。

3. 如何与客户沟通

只有有效沟通才能发现客户需求，为客户提供优质高效的服务，在竞争越来越激烈的时代，每一个人都要努力提升与客户沟通的水平。

与客户沟通要把握好3个环节：了解客户、触动客户、维系客户。其中，可以通过倾听、提问等方式来了解客户；通过赞美认同、关怀感恩、描绘美好未来与唤起眼前危机、对症下药等方法来触动客户；通过建立客户档案、保持不断联系等方法来维系客户。

在与客户沟通时需要特别注意的细节包括：准时、言而有信、承诺要留有余地、给予客户选择的机会、对客户的想法表示理解等。

（五）有效沟通的步骤

1. 事前准备

设定自己的目标，即希望通过这次沟通达成什么样的一个效果，弄清自己如果不能达成目标会采取什么样的行动？同时考虑可能存在的潜在争执，原因是什么？

2. 确认需求

主要是通过有效提问、积极聆听、及时确认来确定对方的需求。提问时机包括：收集信息和发现需求时、开始和结束谈话时、控制谈话方向时、制止别人滔滔不绝的谈话时、征求别人意见、不明白或不相信需要确认时、提出建议时、处理异议时等。

3. 阐述观点

即如何发送信息、表达信息。也就是怎么样把观点更好地表达给对方，让对方能够明白，能够接受。在表达观点的时候，有一个非常重要的原则：FAB 的原则。FAB 是一个英文的缩写：F 就是 Feature（属性）；A 就是 Advantage（作用）；B 就是 Benefit（利益）。在阐述观点的时候，按这样的顺序来说，对方能够听懂、能够接受。下面以"卖沙发"为例，如图 1-2 所示。

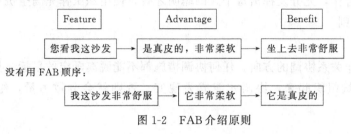

图 1-2　FAB 介绍原则

4. 处理异议

沟通中的异议就是没有达成协议，对方不同意你的观点，或者你不同意对方的观点，这个时候应该如何处理。

5. 达成协议

就是完成了沟通的过程形成了一个协议，实际在沟通中，任何一个协议并不是一次工作的结束而是沟通的结束，意味着一项工作的开始。

6. 共同实施

在工作中，任何沟通的结果意味着一项工作的开始，要共同按照协议去实施，如果我们达成了协议，可是没有按照协议去实施，那么对方会觉得你不守信用，就是失去了对你的信任。我们一定要注意，信任是沟通的基础，如果失去了对方的信任，那么下一次沟通就变得非常地困难，所以说作为一个职业人士在沟通的过程中，对所有达成的协议一定要努力按照协议去实施。

四、协调

（一）协调的概念

协调，从字面上来说，就是同心协力、配合适当、协商、调和的意思。就一般意义而言，协调是一个系统内各个部分之间为实现一个共同的目的而相互沟通，寻找共同点，从而实现某种平衡，达到某种默契的一种行为方式。也可以是为解决各方面的矛盾，使整个组织和谐一致，使每一个部门、单位和组织成员的工作同既定的组织目标一致。领导协调是指领导者为实现领导目标，采取一定的措施和办法，使其所领导的组织同环境、组织内外成员等协同一致，相互配合，高效率地完成工作任务的行为过程。

沟通协调的区别与联系在于：沟通是信息的传递，是手段；协调则是沟通的目的，是结果。

（二）协调的作用

1. 减少内耗、增加效益的重要手段

有效协调可以使组织活动的各种相关因素相互补充、相互配合、相互促进，从而减少人力、物力、财力、时间的浪费，达到提高组织的整体效率，增加效益的目的。

2. 增强组织凝聚力的有效途径

要使组织内部人员团结、齐心协力，需要领导者以极大的精力和高超的技艺加以有效协调。只有人们心理上、权力上、利益上的各种关系协调了，才能团结统一、相互支持、齐心协力地实现共同的目标。

3. 调动员工积极性的重要方法

协调的好坏直接关系到组织目标的实现和整个领导活动的效能，协调工作做好了，组织内部各成员能团结合作，充分发挥出每个人的聪明才智，使组织工作充满生机和活力。

（三）协调的原则

1. 目标导向

组织目标是工作关系协调的方向。任何协调措施都不能脱离既定的目标。只有围绕统一目标，把各方面力量组织起来，协调才能成为现实。否则就会分散力量，组织目标难以实现。

2. 勤于沟通

通过经常性的有效的信息传递，使组织成员彼此间建立起密切的关系，有利于解决矛盾，消除误会。

3. 利益一致

利益是工作关系协调的基础。共同的利益能使组织成员结合起来，按照组织的需要而积极行动。协调、平衡好利益关系是协调工作的重要基础。领导者公平合理地分配，这是减少矛盾的工作基础。

4. 整体优化

通过协调可使整个组织系统的运行达到整体优化状态。管理者对各种影响因素进行科学的分析，进而通过个体优化的组合，形成整体优势，取得理想的整体效益。

5. 原则性与灵活性相结合

协调工作应有原则性，这是一切活动的准则。灵活性是指在不违背原则的前提下，为了实现组织目标而做出的一些让步、折中与变通等。

（四）协调的内容

协调是管理的一项重要职能，也是最花费时间的工作，协调包括对内和对外两方面。

对内协调的核心是沟通，难点是如何对待非正式群体，如何正确解决冲突，其最终目的是形成内部良好的人际关系和组织氛围。

对外协调的核心是公关，难点是如何处理与政府、传播媒体、客户及社会公众的关系，其最终目的是树立企业形象。

（五）协调的要求

1. 及时协调与连续协调相结合

管理者要及时发现和解决各种矛盾和问题。这样既可以减少工作中的损失，不使各方面之间的矛盾激化，也便于问题的解决。在协调中，管理者做到防微杜渐是至关重要的。此外，协调也是一个动态的过程，须注意其连续性。

2. 从根本上解决问题

管理者必须深入到问题的内部，找出产生问题的根源，对症下药。这样，才能从根本上解决矛盾，使问题一个个减少，而不是此消彼长。

3. 调动当事者的积极性

协调是为了解决问题，消除隔阂，推动工作。因此，能否调动起当事者的积极性，是协调成功与否的一个检验标准。

4. 公平合理

公平是减少矛盾和解决矛盾的重要条件，合理是各种要素配置达到科学化、最优化的基本要求。管理者在协调时要努力做到公平合理。

5. 相互尊重

协调的实质是处理人际关系，而处理人际关系需要互相尊重，互相关心。领导者应尊重下属的人格，平等相待，善于调动他们工作的积极性。

（六）有效协调的方法与技巧

1. 相互尊重是有效协调的前提

每个人都有自尊心，并期望受到他人或社会的肯定。相互尊重是协调各种人际关系最重要一环。只有相互尊重，才能打消对方疑虑、博得对方信任、赢得对方支持。工作中，无论是和上级、同级还是下级接触，都必须充分尊重对方，这是取得对方信任、帮助和支持的前提。尊重上级，获得上级的信任和理解，避免和上级产生"心理屏障"，有效地协调上下级关系，上级才愿意积极帮助和支持下属工作。尊重同级，主要表现在相互配合、相互信任，在工作上分清职责、掌握分寸，不争权夺利，不相互推诿责任，不相互无原则指责，甚至相互拆台；严于律己，宽以待人，多看别人的长处、少看短处，对自己多看短处、少看长处。尊重下级就是支持和肯定下级的工作，对下级的意见和建议认真听取、采纳；对下级所取得的成绩要及时肯定；尊重下级的劳动，对下级的工作要给予支持。

2. 了解对方是有效协调的关键

只有尽可能周详地了解上级、同级和下级的长处和短处以及其需要，才能有效协调关系，在工作中扬其所长，避其所短，适其所需，"为我所用"。了解上级，就是要了解上级在宏观上和整体上的指导思想和总体意图，了解上级能够提供什么，愿意提供什么，切忌强人所难，导致被动。了解同级，表现在工作上要相互沟通信息、协调一致、同频共振，特别是需要同级配合时，要看这种配合是否给同级带来麻烦，是否是同级力所能及的。了解下级，就是要了解下级的工作需要得到什么帮助和支持，了解下级的心理特征和情绪变化，以利于调动其积极性和创造性。

3. 换位思考是有效协调的核心

打破自我中心的思维模式，善于从对方的角度和立场考虑问题，体察对方感受，促进相互理解，是协调的有效方法。与人搞好关系、互相配合、协调一致，有两条法则：一条是"黄金法则"，其内涵是，你想人家怎样对待你，你也要怎样对待别人。你想赢得别人的尊重，首先要尊重别人。另一条是"白金法则"，其内涵是，别人希望你怎样对待他们，你就怎样对待他们。急别人所急，想别人所想，帮别人所需。两条法则一个道理，就是要做到千方百计替他人着想。帮助别人也是协调相互关系的一种投资，必然会得到回报的。

4. 达成共识是有效协调的基础

无论是一级组织或一个团队，如果没有一个共同的目标来指引方向、达成共识、凝聚人心，就无从协调，也必然是一盘散沙、一事无成。领导者的职责，就是统一思想、达成共识、明确目标，并对其进行有效分解，转变成各个部门以及各个人的分目标，引导大家为共同目标奋斗。作为领导者，一方面要有宽阔的胸襟，善纳群言，择善而从，阐明观点，拿出主见,以广泛凝聚共识的工作目标,赢得上级、同级、下级的理解、关心和支持。另一方面,要善于引导各方处理好长远利益与眼前利益、局部利益和整体利益、个人利益与集体利益的冲突,把一切可以团结的力量团结起来,把一切积极因素调动起来,致力于共同目标的实现。

5. 适度妥协是有效协调的保证

适度妥协是搞好协调的有效方法。上级、同级、下级都有各自的职责和权限以及相关利益。一个领导者提出的协调方案,如果影响了上级、同级、下级的职权和利益,构成了利害关系,不但达不成一致意见,反而会造成隔阂甚至是冲突。协调上下左右关系,处理涉及利益关系问题,要顾全大局,从整体利益出发,尽可能兼顾到各自的实际,主动作出合理让步,按照能够取得的共识进行协调处理,不搞以硬碰硬,使问题久拖不决,影响整体工作的开展。

【案例5】
毕业典礼的筹划与分工协调

某校在上一年度的毕业典礼工作筹划与进行过程中,毕业班教师、学生处行政人员与家长,因为沟通与协调的问题导致误解与不愉快。

低年级同学对《在校生致欢送词》的训练有意见,认为那是行政人员的工作。

毕业班教师们协调不出一位教师代表朗诵《教师叮咛与祝福》。

低年级同学和毕业班同学在毕业典礼预演的过程中,对典礼的过程也持不同的意见,导致原本不和睦的年级关系,更是雪上加霜。

在毕业典礼当天,许多细部的问题未予安排,或处理未尽完善,让许多有意协助相关工作,却不知如何帮忙的家长在一旁干着急。

鉴于上一年不愉快的经验,学生处在本年毕业典礼筹划中即扮演"沟通协调与咨询"角色,在毕业班教师、校长与家长之间协调相关工作,本身尽量不持某些意见。

1. 征询校长对毕业典礼的意见,斟酌校长对学生处的授权空间。

2. 以上一年度毕业典礼计划为蓝本,修订部分较不合宜的过程或相关事项安排,并且加入家长会协助多项工作,制定今年毕业典礼工作草案。

3. 召集毕业班及低年级教师代表讨论毕业典礼工作草案,并予修订。

4. 特别值得一提的是,因为学生处持协调的开放立场,获得各位老师和同学的认可,沟通过程顺利:低年级同学同意训练欢送词,必要时学生处协调教师协助;协调出一位教师朗诵《教师叮咛与祝福》;毕业歌采用学生处处长的建议,以校歌为毕业歌。

5. 召开毕业典礼筹备会,获得毕业班教师、校长与家长的支持,计划草案迅速得以通过。

【案例分析】 在行政组织上,要坚持的事情,常常难以贯彻或得到支持,而放开双手,以接纳、开放的心态,敞开双臂,可以拥有更多。

因为一开始学生处即站在"帮大家办毕业典礼",而不是"大家配合学生处办毕业典礼"的立场,以沟通桥梁的角色,协调各方意见,反而获得大家的支持。

善用家长会资源,可以让家长因为参与而对学校了解、信任,并获得支持。

模拟训练

情景一

第一天上班,面见领导、同事,你会如何与他们沟通来展示自己,给对方留下良好的第一印象?

情景二

在出席一次重要会议的场合,你竟然因堵车迟到了,你会采用哪些沟通协调方法和领导及同事道歉?如何转变他们对你的看法?

感 悟

1. 通过本次活动,使我感悟最深的是_____
2. 我需要做如下改变_____
3. 我的近期目标是_____

模块二

情商管理

知识目标：了解情商的内容、意义；理解情商管理的重要性和原则；掌握情商管理中的技巧与方法。

能力目标：通过本模块的学习，让学生学会审视和了解自己，学会怎样激励自己、怎样调动情绪，能够从容地面对痛苦、忧虑、愤怒和恐惧的情绪；在该模块学会自我情绪管理，并能运用一定情绪管理技巧营造和谐的人际关系。

案例赏析

案例一　阿甘正传

风靡世界的电影《阿甘正传》中的主人公阿甘，他是天才的运动员、战士、商人，可是我们知道从小他就是被人嘲笑的。他真的是白痴吗？从智商只有75分而在学校受同学歧视，到橄榄球健将，到越战英雄，到捕虾船船长，到跑遍美国……阿甘以先天缺陷的身躯，达到了许多智力健全的人也许终其一生也难以企及的高度。

讨论

1. 阿甘究竟是傻瓜还是天才？
2. 为什么阿甘获得了自己最终的辉煌？
3. 从这个案例中你能联想到情商在哪些方面对我们的工作生活很重要？

案例二　周瑜的情商

三国时期的周瑜，智商很高，领兵打仗能力可谓是足智多谋，年纪轻轻地就当了将军、大都督。智商这么高的一个人，后来怎么死的？说来可笑，被孔明三气，他竟然马上昏厥，断气了。仰天长叹："既生瑜，何生亮。"年寿只有36岁。

讨论

1. 周瑜之死的根源问题是什么？
2. 找找历史人物中还有类似的高智商人物吗？
3. 从这个案例中，你可以看出情商管理的重要性包含哪些方面？

理论指导

情商（EQ 即 Emotion Quotient 的英文缩写），泛指个人处理各种情绪的能力，是近年来心理学家们提出的与智力和智商相对应的感念。它主要是指人在情绪、情感、意志、耐受挫折等方面的品质。以往认为，一个人能否在一生中取得成就，智力水平是第一重要的，即智商越高，取得成就的可能性就越大。但现在心理学家们普遍认为，EQ 水平的高低对一个人能否取得成功也有着重大的影响，有时其作用甚至要超过智力水平。所以，当代大学生在校期间更应多加培养和提高自身的 EQ 水平，从而学会调节好个人 EQ 的觉察力。

一、情商管理

（一）情商的内容及意义

情感智商（EQ）的说法最早是由美国耶鲁大学心理学家萨洛维（Salovey）和稀罕布尔大学梅耶尔（Mayer）教授提出的。他们用这一术语来描述人们的情绪评价、表达和情绪调节及运用情绪信息引导思维的能力，并认为 EQ 是影响个人发展的重要因素。他们的定义是：情绪智力包含准确地觉察、评价和表达情绪的能力；接近并/或产生感情以促进思维的能力；理解情绪及情绪知识的能力；以及调节情绪以助情绪和智力发展的能力。这种能力包括以下四个方面：情绪的知觉、鉴赏和表达的能力；情绪对思维的促进能力；对情绪理解、感悟的能力；对情绪成熟的调节，以促进心智发展的能力。这四方面能力在发展与成熟过程中有一定的次序先后和级别高低的区分，第一类对于自我情绪的知觉能力是最基本和最先发展的，第四级的情绪调节能力比较成熟而且要到后期才能发展。

随后专门从事人类行为和脑科学研究的美国哈佛大学心理学博士丹尼尔·戈尔曼进一步提升和拓展，在 1995 年发表《情感智商》一书，提出"情绪智力"（Emotional Intelligence，通常也称为"情商"或 EQ）这一理论，在全球教育界掀起了一股强劲的旋风。他认为，人们首先要认识 EQ 的重要性，改变过去只重视智商 IQ、认为高 IQ 就等于高成就的传统观念。他通过科学论证得出结论："EQ 是人类最重要的生存能力，是一种发掘情感潜能、运用情感能力影响生活各个层面和人生未来的品质要素，是指人对自己的情绪的控制管理能力和在社会上的人际交往能力"，人生的成就至多 20% 可归诸于 IQ，另外 80% 则要受其他因素（尤其是 EQ）的影响。因此必须大力提升年青一代的 EQ。

综上所述，情商说关于情绪智力的核心要点在于：认知和管理情绪（包括自己和他人的情绪）；自我激励；正确处理人际关系三方面的能力。国内一些研究者也对之进行了校正。认为该定义以及相应的情绪智力的内涵把动机、兴趣、意志等排除在情感智力之外，这种理论仍然是不完善的。事实上，动机、兴趣、意志与情感有密切关系，有的甚至就是一种情感或情绪。因此，国内有的情商说的研究者在国外情商说的基础上提出了一种新的情绪智力的定义以及内涵，将动机与兴趣考虑进来，认为情绪智力是指人认知和调控自我及他人的情感，把握自己心理平衡；形成自我激励、动机与兴趣相结合的内在动力机制；形成坚强和受理性调节的意志；妥善处理人际关系等的心理素质和能力。

综合多年来国内外专家的研究，情商的内容主要包括以下 6 个方面。

1. 自我情绪认知的能力

即对自己的悲、喜、忧、乐等积极、消极情绪的觉察能力，也就是对自己的情感、情绪的自我反省、自我认识的能力。

2. 自我情绪控制能力

根据自身情况、环境状况、人际交往状况，把握、控制、适当表现、发泄自己情绪的能力。自我情绪控制不等于压抑正常情绪的表现、发泄，而是要根据外部环境尺度与自己内部尺度的统一，来适当控制或合理发泄情绪。

3. 了解他人情绪的能力

即通过别人的姿态、语气、表情、动作等了解、体察其情绪的能力。了解他人的情绪要求有"同情心"、"同理心"。这是了解他人情绪、控制自我情绪、改善人际关系的一个重要条件。

4. 预见未来的能力

即对各种事情的发展动态、趋势的把握及认识的能力。能否预见未来，根据具体情况及时采取行动或耐心等待，是衡量一个人自信心、持久力的重要参数。

5. 人际关系协调能力

即与同事、同学、上级、下级、友人等和谐相处的能力，是一个人社会适应能力的表现，是一个人成功的重要条件。

6. 自我激励能力

即充分利用各种手段激发自己的能动性、创造性的能力。充分认识自我、激发自我潜力是成功的内在动力。自我激励能力强的人善于度过困境，也能在顺境中把握自我。

需要指出的是，情绪智力这一概念和理论传到我国后，被简称为"情商"，很多人以为"情商"是单纯指"情感商"或"情绪商"。其实情绪智力和智商既有区别也有内在联系。联合国教科文组织在《21世纪全球开智计划》中明确指出："智力并非一个单向度的概念，除了基本智商（IQ），它还包涵了人的更多能力：成就智商（AQ）、道德智商（MQ）、情绪智力（EQ）、体能智商（PQ）……"可见，联合国教科文组织也是更多地按照多元智力理论，从社会智力的角度来界定情绪智力的。像国内部分学者仅仅把EQ理解为"情感商"或"情绪商"是不确切的，我们认为，比较规范，符合情商说提出的背景的说法也应该是情绪智力，当然，考虑到国内既然对这种说法已经广泛接受，成为一种约定俗成的说法，因此，我们在此也多处使用情商这一个概念。

（二）三商的内容及意义

人的一生发展受到许多因素的影响。在走向幸福满意、不断实现生命价值和意义的人生进程中，一个人的三商起着不同的作用，彼此协同，交互影响。何为三商？三商就是：智商（Intelligence Quotient，简称IQ）、情商（Emotion Quotient，简称EQ）、逆商（Adversity Quotient，简称AQ）。IQ、EQ、AQ并称3Q，成为人们获取成功必备的不二法宝。有专家甚至断言，100%的成功＝20%的IQ＋80%的EQ和AQ。

总的来说，智商表明智力高低，情商体现情绪智力的大小，逆商反映了应对逆境的能力强弱。

智商（IQ）就是智力商数，衡量智力相对高低的商数，用以标志智力发展水平。智力常称为智慧或智能，是人们认识客观事物并运用知识解决实际问题的能力。通俗地可以理解智商为智力，具体是指数字、空间、逻辑、词汇、记忆等能力。某种意义上智商就像电脑的硬件如CPU，一个智商高的人在短时间内能够做很复杂的事情。就像酷睿级、i7一类的

CPU能够运转像Windows7这样高级的操作系统，而386、486只能运转较原始的操作系统一样。

智力商数，通常表现为一个人的表达能力、理解能力、记忆能力、数学运算能力、领悟能力、思维速度、反应速度、逻辑推理、空间推理能力等。

大家都比较热衷于比较智力，把成功人士的智力都归为智力的功劳，然而这种想法是有误区的。固然智力对于人生的发展有不可忽视的影响，但是从某种程度上来说，情商和逆商的影响是更加显著的。

情商（EQ）又称情绪智力，是近年来心理学家提出的与智商相对应的概念。主要指人在情绪、情感、意志、耐受挫折等方面的品质。值得注意的是人与人之间的情商在先天上并没有多少差别，更多的在于后天的培养发展。

情商包括以下内容。①认识自身。只有认识自我，才能成为自己的主宰。②妥善管理自己的情绪。大起大伏的情绪不利于身心健康及生活工作。③自我激励。适当适时的自我激励可以帮助人们快速走出低谷。④认知他人。这是与人顺利沟通，建立良好交际关系的基础。⑤人际关系的管理。领导与管理能力是成功人士都具备的品质，应该注意培养。

情绪商数，通常主要指情绪控制能力，还包括定力、耐性、沟通能力等。一个人控制不住情绪，是无法在一个团队中生存的；一个人没有定力和耐性，对目标不执着，容易三天打鱼两天晒网；沟通能力是一个人综合素质的表现，表现为聆听和表达的双向沟通，以及沟通技巧。沟通能力是表达能力、理解能力、倾听能力、领悟力、心理学知识、阅历、判断力的综合运用。

除了智商、情商外，近年来又流行一个新概念：挫折商（逆商）。逆商（AQ）是人们在逆境中成长能力的商数，用来表示每个人面对逆境时应变和适应能力的大小。

逆境商数，即抵抗挫折的能力，是一个人面对困境时减除自己的压力、渡过难关的能力，也就是人心理上的抗风险能力。逆商并不是越高越好。

逆商有四大因素：控制感、起因和责任归属、持续时间和影响范围。一个逆商较高的人通常表现出更多的控制力和影响力，主动负责处理事务，把逆境控制在一定范围内，并且抱有希望，保持乐观。决定个人逆商的五大因素为：个人行为模式；个人才能和欲望；智力、健康与性格；自信和勇气；情绪。逆境在一定程度上来说可以促进成长，促进思维活跃。

（三）提高情商的意义和作用

对于一名大学生来说，要想成为一名优秀的社会人才，必须具备的基本条件，除了要有丰富的专业知识，同时也要拥有较高的情商指数。情商的衡量标准，以高和低来区分；同时，情商是可以塑造的，可以通过一定教育方式提升。情商可以分为高情商和低情商。所谓高情商，是指一个人对自己、对生活、对他人都有正确的态度和看法，不仅能够善待自己，提高自己，不断要求进步；还能以一颗爱心对待自己周围的人，乐意帮助他人，顾及他人的感受，积极为国家和社会做出贡献。所谓低情商，是指一个人对自己及对生活、对他人的态度悲观和不和谐，甚至是抵触；情商低的人往往事不关己，高高挂起，工作没有动力，对待一切都很冷淡。情商的高低，直接影响一个人的学习和发展，直接影响一个人怎样处理与他人、社会的关系。高情商的人，爱心重，不但爱惜自己的生命和时光，更加注重对别人的感恩和回报，以一种博爱之心去帮助别人；常以一种积极的行动去努力学习，不断提高自己的贡献能力；真正地做到有爱的表现是，做任何事情都要顾及别人感受，不是一种自私的爱。

低情商的人，以自己为中心，行为忽视别人感受，有时故意给别人带来痛苦，不懂得感恩、不懂得回报，总认为自己这样做是应该的，长此以往，越变越自私，不懂得尊重别人，常以利益衡量自己的得失。可见，情商所体现出就是一个人的世界观正确与否，对大学生的情商引导和提高培养，直接决定能否成为合格的人才。

运用"情商"原理透视成功的话题实在太多，现实生活中高情商的人才（智商有可能并不高）取得辉煌业绩的故事同样不胜枚举。在美国工商界，"智商使人得以录用，情商使人得以晋升"的用人准则已经深入人心，"情商"的重要性已超过"智商"。未来的社会是高速发展的社会，生活节奏快、工作负荷高，再加上复杂的人际关系、越来越激烈的竞争，人们普遍感到心里的压力很大，只有高智商，应付起来显然力不从心，还必须有高情商才能够适应这样的社会，应对自如，才能自我管理自我调节。

二、情绪管理

（一）情绪的内容与种类

人生在世，有生、老、病、死，也有荣、辱、得、失，所以就有与之相关的喜、怒、哀、惧、爱、恶、欲。人世间有"七情"，生活才有波澜，才会丰富多彩。然而在生活的"波涛"中，有人乘风破浪勇往直前，有人却被波涛吞没，沉入大海……你想过这是为什么吗？这就是时刻与你相伴的情绪。它可以使你从平凡走向卓越，也可以使你从天堂走进地狱。因此，渴望成功和成才的朋友们，必须认识它、驾驭它。

关于情绪的定义，历史一直存在众多的争论。人们通常以愤怒、悲伤、恐惧、快乐、爱、惊讶、厌恶、羞耻等反应来说明情绪。中国人常说的七情，也可以被称作情绪（emotion）。

情绪总是同人的需要和动机有着密切的关系，如人的某种需要得到满足或目的没有达到时，他将会产生愉快或者难过等感受。因此，一般意义上讲，情绪（emotion），是指人们在内心活动过程中所产生的心理体验，或者说，是人们在心理活动中，对客观事物的态度体验，是人脑对客观事物与人的需要之间的关系的反映。

关于情绪的类别，长期以来说法不一。我国古代有喜、怒、忧、思、悲、恐、惊的七情说，美国心理学家普拉切克（Plutchik）提出了八种基本情绪：悲痛、恐惧、惊奇、接受、狂喜、狂怒、警惕、憎恨。还有的心理学家提出了九种类别。虽然类别很多，但一般认为有四种基本情绪，即快乐、愤怒、恐惧和悲哀。

快乐是指一个人盼望和追求的目的达到后产生的情绪体验。由于需要得到满足，愿望得以实现，心理的急迫感和紧张感解除，快乐随之而生。快乐有强度的差异，从愉快、兴奋到狂喜，这种差异和所追求的目的对自身的意义以及实现的难易程度有关。

愤怒是指所追求的目的受到阻碍，愿望无法实现时产生的情绪体验。愤怒时紧张感增加，有时不能自我控制，甚至出现攻击行为。愤怒也有程度上的区别，一般的愿望无法实现时，只会感到不快或生气，但当遇到不合理的阻碍或恶意的破坏时，愤怒会急剧爆发。这种情绪对人身心的伤害也是明显的。

恐惧是企图摆脱和逃避某种危险情景而又无力应付时产生的情绪体验。所以，恐惧的产生不仅仅由于危险情景的存在，还与个人排除危险的能力和应付危险的手段有关。一个初次出海的人遇到惊涛骇浪或者鲨鱼袭击会感到恐惧无比，而一个经验丰富的水手对此可能已经司空见惯，泰然自若。婴儿身上的恐惧情绪表现较晚，可能是与他对恐惧情景的认知较晚有关。

悲哀是指心爱的事物失去时，或理想和愿望破灭时产生的情绪体验。悲哀的程度取决于失去的事物对自己的重要性和价值。悲哀时带来的紧张的释放，会导致哭泣。当然，悲哀并不总是消极的，它有时能够转化为前进的动力。

根据情绪发生的强度、持续时间和紧张度，可以将情绪分为心境、激情和应激。

1. 心境

心境是一种比较微弱而持久的情绪状态。

心境也称为心情，如心情舒畅或忧郁、平静或烦躁等。心境具有渲染性和弥散性，它不是指向某一特定对象，而是在某一时段内，作为人的情绪的总背景将人的言行举止、心理活动都染上相应的情绪色彩。如愉快、喜悦的心境，往往使人感到"山笑水笑人欢笑"，悲伤的心情又会使人感到风花雪月也垂泪伤心。所谓"忧者见之则忧，喜者见之则喜"，就是指人的心境。一般说来，心境持续的时间较长，有时持续几小时，有时可能几周、几个月或更长时间。这主要依赖于引起心境的各种刺激的特点和个性差异。

引起心境的原因是多方面的。如工作的成败、生活的顺逆、人际关系的好坏、个人健康及自然环境的变化以及过去的片断回忆等都可能导致人的不同心境状态。而情绪中的认知因素则是心境持续的主要原因。人们的思想对各种引起情绪体验的刺激进行评价和鉴定而产生情绪。如果对某种产生情绪的刺激过于强调，这种强调的结果就可能导致某种心境。比如，个体失败后若能认识到失败的原因并知道应该继续努力，其失望情绪会很快消失。但如果太强调这次失败，把它看成是一次不可饶恕的错误，那么其失望情绪就会持续而使他处于一种不愉快的心境之中。愉快的心境也一样，主要是我们的认知因素作用的。

心境对人的生活、工作、学习和健康有很大的影响。首先，心境影响个体的动机。一个人心境好的时候，他将对事物有积极的态度，对工作有较大的兴趣。我们常说，一个人心境不好，连饭也不想吃，不愿意跟别人说话，什么事都不想干，凡事感到枯燥乏味。也就是说，在心境不好的时候一个人的各种积极动机都是很低的。其次，心境影响人们记忆的选择性。我们常有这样的经验，即心境不好的时候，往往会回忆起不愉快的事情，而心境好的时候往往会回忆起愉快的事情。再次，心境也影响利他行为。在日常生活中，我们可看到各种利他行为，比如，你在路上自行车坏了，有人主动帮助你把它修好；在陌生的地方有人主动为你带路；学校中成绩好的学生帮助后进的学生温习功课；为社会福利募捐等。国外有些研究试图找出心境与利他行为之间的关系。艾森曾作过这方面的实验研究并指出，处于好心境中的人比处于坏心境中的人，更愿意帮助别人。

保持良好心境的主要条件是：消除过重的自私心理，保持适度的名利欲望；建立积极的认知模式；建立良好的人际关系；善于宽容别人和自己；学会宣泄不良的情绪。

2. 激情

激情是一种迅速强烈地爆发而时间短暂的情绪状态，如狂喜、绝望、暴怒等。

激情具有爆发性和冲动性的特点，即激情产生的过程十分猛烈，强度很大，并使人体内部突然发生剧烈的生理变化，有明显的外部表现。如咬牙切齿、面红耳赤、拍案叫骂、捶胸顿足等，有时还会出现痉挛性的动作或言语紊乱。同时当个体处于激情状态时，往往失去意志力对行为的控制，有一种情不自禁、身不由己的感受。

激情常常是由对个体具有重大意义的强烈刺激或突如其来的意外事件所引起；此外，过度的抑制或兴奋，相互对立的意向或愿望的冲突也容易引起激情。

激情有积极的和消极的两种。消极的激情常常对机体活动具有抑制作用，或引起过分的冲动，做出不适当的行为。积极的激情往往与冷静的理智和坚强的意志相联系，成为激发人的正确行动的巨大动力。例如，在战场上为保卫祖国领土，为战友复仇所激起的对敌人怒不可遏的仇恨会激励战士英勇杀敌。在重大的国际比赛中，为祖国争光所激起的拼搏精神，会激励运动员们克服重重难关去夺取金牌。在这些激情状态中，饱含着爱国主义、集体主义、英雄主义的情感，都是积极的激情状态。

控制消极的激情的方法是：激情爆发前，尽量将注意转移到无关的行为上去；在激情状态中，在做或说某件事时尽量使自己的行为平缓、镇定下来。例如：合理释放、转移环境、言语宽慰等都是较好的调节方式。像找人谈心、痛哭、喊叫，可以释放怒气和怨气；下棋、散步、听音乐等可以转移当时的状态，冲淡激情爆发的程度和注意力，不能以激情爆发为由替自己的错误开脱。当然控制和调节激情的最可靠的办法还在于提高思想觉悟，加强自身修养和加强意志品质的锻炼。

3. 应激

应激是由出乎意料的紧急状况引起的高度紧张的情绪状态。

当人必须迅速果断地做出反应的时候，往往会出现应激状态。例如，司机遇到险情，人们遇到突然发生的水灾、火灾、地震等自然灾害时，刹那间人的身心都处于高度紧张状态之中，这时，人所产生的特殊紧张的情绪体验，就是应激状态。

应激具有超压性和超负荷性。即个体在应激状态中常常会在心理上感受到超乎寻常的压力，在生理上承受超乎平常的负荷，以充分调动体内各种机能资源应付紧急、重大的变故。

应激的产生与个体面临的情境及其对自己能力的估计有关。当新异的情境、对个体提出的要求是其从未经历过的、与以往的经验不一致且意识到已有的经验难以应付当前情境而产生无能为力时，个体就会处于应激状态。

人处在应激状态下，可能会有两种表现，一种是动员身体各种潜能，使活动积极起来，表现为情急生智、沉着果断，思维特别清晰、明确，以致能超乎寻常地应付危急局面。一种是使活动抑制或完全紊乱，处于呆若木鸡、惊慌失措，甚至发生临时性休克的境地。应激状态中，人的行为究竟如何表现，取决于个体的适应能力、个性特征、知识经验特别是意识水平。只要有意识地提高思想觉悟，注意在实践中锻炼，人们的应激水平就能逐渐得到提高。

应激的积极状态是可以训练的。通过训练，培养思维的敏捷性，提高意志的果断性。增强动作的灵活性，强化技能的熟练性，提高在意外情境下的决策水平，这样碰到新的变故时能当机立断，摆脱困难，转危为安。如军人的实战训练、学生的模拟考试等，目的都在于促成应激状态下的积极反应。

（二）正面情绪与负面情绪

情绪是人类所共有的与生俱来的属性，无论你是男是女；无论你是老是少；无论你职属何类，都会受到情绪的影响，而这些情绪也可以分为两类：正面情绪和负面情绪。

情绪作为一种独特的心理体验，渗透于人们的一切活动中，大学生是社会当中的一个特殊群体。情绪对大学生的影响主要表现在以下几点。

1. 正面情绪的影响

良好的情绪能促进身心健康。欢乐、愉快、高兴、喜悦等，都是积极良好的情绪体验，这些情绪的出现能提高大脑及整个神经系统的活力，使体内各器官的活动协调一致，有助于充分发挥整个机体的潜能，有益于身心健康和提高学习、工作的效率。现在人们身边关于抗癌"明星"的感人故事有很多,他们大都以乐观向上的积极情绪,创造了战胜死神的奇迹。

良好情绪能增强机体活力,从而提高免疫力,并减少神经系统、消化系统等疾病。许多临床实践表明,积极开朗的情绪对治愈疾病大有好处。长寿者的共同特点之一就是心情愉快、乐观豁达、心平气和、笑口常开。心情愉快还会改变一个人的青春容貌,使人容光焕发、神采奕奕。

良好的情绪能提升认知能力。人人都有这种体验:在情绪良好时思路开阔、思维敏捷、学习和工作效率高。

良好的情绪能加强行为控制能力。积极的情绪可以使人们提高行为效率,起到正向的推动作用;对自我情绪的正确控制与调节和对他人情绪的准确察觉与把握,都帮助人达成良好的人际沟通。

2. 负面情绪影响

心理学上把焦虑、紧张、愤怒、沮丧、痛苦等一系列情绪统称为负面情绪,人们之所以这样称呼这些情绪,是因为此类情绪是不积极的,人们的身体也会出现不适感,甚至影响工作和生活的顺利进行,进而有可能引起身心的伤害。负面情绪常伴有一种明显不愉悦的主观体验,并会降低人的积极性和活动能力。负面情绪的表现形式多种多样,在通常情况下,负面情绪有以下的一些主要的表现形式:焦虑、忧郁、恐惧、易怒。

积极的情绪状态可以增强人对外界的抵抗力,消极的情绪则会对身体构成伤害。消极情绪也是人体心理的不良紧张状态,会引起高级神经活动的机能失调,过分地刺激人的器官、肌肉及内分泌腺,使人体失去身心平衡,从而对机体的健康产生十分不利的影响。

现代医学证明,有些疾病的发生并不是因为器质性的病变,而是因为本身的精神状态不佳、情绪异常;经常、持久的消极情绪所引起的长期过度神经紧张,会导致身心疾病。比如高血压,如果人的不良情绪反应不断发生,就会首先产生间隙性的高血压,之后就转为顽固性的高血压,或引起神经系统功能紊乱、内分泌功能失调、免疫功能下降等,并可能转变为精神障碍或引起其他器官系统疾病。再比如癌症,大量的研究表明,充满心理矛盾、压抑、不安全感和不愉快情绪体验的人,免疫力会持续减弱,容易患癌症。最新科学研究发现,经常忍气吞声、"有泪往肚子里咽"的人得癌症的概率是一般人的3倍。"忍气吞声型"的人,往往过度克制自己的情绪,压抑自己的悲伤、愤怒、苦闷等情绪状态,不让情绪得到发泄。恶性情绪长期作用于大脑会导致内分泌紊乱,降低人体免疫功能,从而给癌症以可乘之机。所以在负面情绪发生时,我们要及时疏导和发泄不良情绪,增强自信心。

负面情绪就像洪水,它不会升华,只会实实在在存在着,不会因为搁置的时间久,就会慢慢地消失。应对负面情绪也正如应对洪水,如果对负面情绪拼命压制,不让它有出头之日,今日堵,明日堵,只会让它压抑太久,暴发出来的力量就像洪水一样可怕,最终会将机体摧毁。

人类都是有情绪的,这些情绪如果不通过适当的途径发泄出来,就会像洪水一样以破坏性的途径喷涌而出。如果以破坏性的途径发泄,指向内部会导致个体的痛苦压抑、胆怯保守、扼杀个体个性和生命活力,培养出自私、嫉妒等不受欢迎的性格;如果指向外部就更可怕了,负面情绪不但会使自己受到伤害,还会伤害自己身边的亲人、朋友这些时刻关心自己的人,影响大家的关系。

(三)压力解读

压力也称为"应激""紧张",是指个体的身心在感受到威胁时所产生的一种紧张状态。

如果个体长期处于一种高度的应激状态，就会对身心造成严重损害。青年人是社会中最活跃的群体，而青年大学生则是这个群体中最敏感的文化知识者。青年大学生的这种敏感特征使他们能更敏锐的感受到各种变化的冲击。在社会环境的迅速变化的大背景下，当代大学生将面临更多的挑战，并由此而造成了巨大的心理压力。

大学阶段是一个人人格发展、世界观形成的关键时期。大学生面临着一系列重大的人生课题，如大学生活的适应、专业知识的学习、交友恋爱、择业就职等。但由于身心发展尚未完全成熟，自我调节和自我控制能力不强，复杂的自身和社会问题，往往容易导致大学生强烈的心理冲突，从而产生较大的心理压力，甚至产生心理障碍或心理疾病。近年来在校大学生中出现心理障碍倾向的人数约占总体的20%～30%，有较严重心理障碍的约占10%，有严重心理异常者约占1%，而且心理不健康的人数比例有逐年上升的趋势。

大学生必须去适应纷繁复杂的社会环境，从多方面提升自己的技能，提高综合素质。所以，大学生必须把这种压力化为一种进步的动力，在竞争中化蛹为蝶。那么，当代大学生所面临的心理压力有哪些呢？

1. 专业兴趣方面的压力

刚入校的大学生会遭受因不适应而缺乏学习兴趣的压力。短期内会情绪低落，严重的会对未来失去信心。出现这种情况的原因有主观的也有客观的。客观方面如：填报志愿时缺乏对专业情况的深入了解，导致自己所填专业并不是自己喜欢的；主观方面如：对自己所填专业不看好，产生厌学情绪。一般说来，如果是客观原因，则先想办法能否调配到喜欢的专业。如若不行，则只能诉诸主观方面。通过各种学习活动，激发自身对专业学习的兴趣，认真学习。要弄明白，在当今社会分工越来越细的情况下，任何专业只要学得好，不怕没前途。

2. 学习方面的心理压力

大学学习和中学学习有很大区别，原来的学习方法是否适用，参考书是否有意义，如何安排学习时间等细节问题，都会对大学生构成压力；当今知识更新越来越快，随时挑战着大学生的精力和时间；考试不及格、学习成绩下降或能否获得奖学金的担心，也让大学生处于焦虑状态；各种期中、期末考试、证书考试，更是让大学生精神十分紧张、压抑。这些问题如若处理不当，其心理疾病发生的概率将会更大。就业形势人才需求、工作情况、主观条件及愿望的分析和思考，也让不少大学生背上了沉重的思想包袱。除此之外，大学校的各种评定，也会影响大学生的学习、生活以及未来的工作，所以，也带来了压力。

3. 生活方面的心理压力

大学生来自不同的家庭背景，生活习惯、生活水平都有很大差别，同处一个寝室，往往在比较中产生自卑，对于大多数家庭来说，支付高昂的教育费用确实有些困难，使得学生在校学习产生很强的思想负担，认为自己对父母索取过多。同时，大学生没有自立，因而，很多花销他们都不能承担，对物质的欲望和现实之间的矛盾也在一定程度上造成了他们的心理压力。还有，他们大多数为独生子女，缺乏独立生活能力，突然面临独立生活的情况，也会产生焦虑情绪，在心理上造成压力。

4. 人际交往的心理压力

大学校实行寄宿制，就等于个体独立步入社会。尝试人际交往，为将来进入成人社会做准备。大学生的人际交往日趋社会化、复杂化，但大学生活习惯和思想观念又越来越个性化，在人际交往中，有些人不能克制自己，不懂尊重别人，因而难免出现摩擦而容易产生怀疑他人、怀疑自己的心理。造成人际关系紧张，形成强烈的心理压力。

5. 恋爱的压力

我国大学生的年龄一般在19～23岁之间，生理发育已经成熟，很多大学生渴望与异性有亲密接触，恋爱是很多人正在经历或已经经历的过程。但是在爱情中会有一系列复杂、独特、微妙的情感体验，而这些对于单纯的大学生来说也是最容易产生心理困扰的地方。有的同学想恋爱，但是担心父母不同意，担心对方不接受自己，担心不谈会被别人笑话没本事——种种心理冲突，都让大学生不能轻松，造成心理压力。

6. 就业方面的心理压力

大学生因为就业问题产生的心理压力也是越来越明显，有些大学生害怕踏入社会，没有勇气去应付复杂多变的社会，对找工作失去信心，害怕失败，有自卑情绪。有些同学虽然热情，但缺乏明确目标，对不同的工作单位都有兴趣，最后总拿不定主意。同时在就业过程中，很多同学因为工作地点、时间、待遇等各种原因都会产生很强的心理冲突。

如何缓解大学生心理压力？

沃尔·夫洛特说："如果不断奔跑就能避免自己沦为他人的食物，沙漠跳鼠早就统治我们的星球了。仅仅第一个从起跑线上跃起是远远不够的，我们必须知道自己接下来要跑向哪里。"因此，了解了心理压力的危害，我们仅仅逃避只会让事态越演越烈，我们要无畏地去正视它，解决它。应采取积极态度看待压力，让压力磨炼人的意志，激发人的智慧和潜能，把压力看成是生活的挑战，成长的机会。

（1）面对压力，大学生应学会控制自己的不良情绪　采取适时、适地、适当的方式宣泄，这样对于维护心理的健康和平衡以及保持良好的人际关系非常重要。比如：对着空旷的田野或树林大声呐喊，将心中的愤怒发泄出去，或者向好朋友或心理医生倾诉，同时可以采取写日记等方法发泄不良情绪。

（2）健身运动是一种积极主动的活动过程　健身活动后，焦虑、抑郁程度都有明显下降。所以大学生可以选择自己喜爱的项目如：跑步、爬山、游泳、跳舞、打球——经常参加健身运动，不仅可以缓解心、身压力，而且可以强身健体，提高心血管机能和耐受能力，强化免疫系统功能。

（3）大学生应该学会全面了解自己，客观评价他人　不自大也不自卑。不要因别人优秀而嫉妒，也不要因别人差就冷嘲热讽，尊重他人就是尊重自己。逐渐形成对自己、对他人、对社会、对理想的正确认知，可以有效地预防压力感的入侵，即使面对压力也能应对。

（4）大学生要培养良好的个性品质　个性品质除了遗传影响外，更重要的是受后天环境的影响。不良个性品质会导致大学生社会适应困难，产生压力感和应对压力的能力匮乏。因此，大学生应该培养良好的品德修养，幽雅的社交风度，成为一个受欢迎的人。大学生也应该培养自己多种兴趣爱好，成为一个全面发展的身心健康的人。

三、自我管理

（一）自我管理的内容和意义

自我管理（Self-management）概念的提出虽然并不久远，但实质上自古以来人们都在不同程度地实施自我管理。如，古人云："吾日三省吾身"就指的是人们对自己所思所想所作所为的一种自我反思，从反思中总结得失利弊与经验教训，这就是一种自我管理。究其根本，自我管理就是自我监控、自我控制、自我调整、自律性管理；是自我意识的重要成分；

是指个体对自身的心理与行为的主动掌握，调整自己的动机与行动，以达到所预定的模式或目标的自我实现；是一种人格特质。

自我管理是智慧的最高体现和应用。每个人都是有着无穷发展潜力的个体，自我管理的终极目标就是挖掘自己的潜力，按心中所想改变自己的命运；每个人都是独一无二的个体，自我管理的目的也就是要发挥自己的特长，把自己的人生经营的多姿多彩，每个人都可以主宰自己的命运，自我管理，就是要克服对生活的焦虑和沮丧，学会做自己的主人；这个世界不是有钱人的世界，也不是有权人的世界，而是有心人的世界。人生只有一次，一定要用心管理好自己的人生。

《礼记·大学》"古之欲明明德于天下者；先治其国；欲治其国者，先齐其家；欲齐其家者，先修其身；欲修其身者，先正其心；……心正而后身修，身修而后家齐，家齐而后国治，国治而后天下平。"大意是说：古代那些要使美德彰明于天下的人，要先治理好他的国家；要治理好国家的人，要先整顿好自己的家；要整顿好家的人，要先进行自我修养；要进行自我修养的人，要先端正他的思想……思想端正了，然后自我修养完善；自我修养完善了，然后家庭整顿有序；家庭整顿好了，然后国家安定繁荣；国家安定繁荣了，然后天下平定。这是儒家思想传统中知识分子尊崇的信条。以自我完善为基础，通过治理家庭，直到平定天下，是几千年来无数知识者的最高理想。然而实际上，成功的机会少，失望的时候多，于是又出现了"穷则独善其身，达则兼济天下"的思想。"正心、修身、齐家、治国、平天下"的人生理想与"穷则独善其身，达则兼济天下"的积极而达观的态度相互结合补充，几千年来影响始终不衰。

对于自我管理，到底应该管理哪些内容？

① 人生规划：对自己的人生必须要一个明确的规划。
② 时间管理：通过自律和对时间的妥善安排以确保人生规划的实施。
③ 身体品质管理：身体是本钱，是一切的根本。人生一切的梦想、愿望和追求都不能脱离载体而独自存在，所以要管理好自我人生的载体。
④ 心理素质管理：心态塑造、意志磨炼、情绪管理、压力管理等。
⑤ 个人品牌管理：从市场与竞争的角度来讲，实现自我竞争力提升的关键是个人品牌价值的提升，所以要管理好自己的品牌，例如：修养提升、习惯养成、形象管理、性格培养等。
⑥ 个人知识管理：要想不断地攀登人生的高峰，就必须不断地充实自己、完善自己，不断地积累知识和提升能力。
⑦ 个人能力锻炼：学习能力、表达能力、运动能力、思维能力等。
⑧ 人脉管理：人不能脱离群体而独立存在，每个人都是人际关系大网中的一个节点。
⑨ 情感管理：要维护好亲情、友情和爱情。
⑩ 智慧提炼（靠智慧能赢得财产，但没有人能用财产换来智慧）。
⑪ 财富创造（或称理财）。

（二）自我管理的方法和技巧

要想有所作为，就必须提升自我管理能力。纵观古今中外，凡大成者，绝不仅仅是被别人管理或管理别人中获得成功的，无不是通过严格的自我管理才获得大成和圆满的。只有学会了自我管理，才会把自己造就成一个能够持续成功的人。

1. 自我认识

认识自己是自我管理的前提。"我到底想要什么?"、"我能做什么?"、"我正在做什么?"是我们必须经常扪心自问的三个问题。

一个人要实现自己的价值，就必须选对人生的战场。要懂得扬长避短，选择适合自己的岗位，发挥自己喜欢并擅长的本领，这样做起来才能得心应手，工作起来才会事半功倍。

2. 自我设计

① 自我设计的总体原则应当是先苦后甜。奋斗在前，就好比往银行户头里存款，有朝一日会加倍奉还；而享乐在前犹如从银行贷款，迟早是要连本带息偿还的。

② 唤醒自己心中沉睡的巨人，自我设计而不要自我设限。

③ 过去不等于未来，未来决定于现在。正确的人生态度应当是总结过去，立足现在，放眼未来。

④ 梦想是人生的推动器。

⑤ 目标就是生命的价值与使命，明确的目标是引导人们勇往直前的力量。

⑥ 目标具有开发力，定低了限制人的潜能发挥。

⑦ 目标要公开，敢于公众承诺，接受监督，目标才能实现。

⑧ 眼前只有一个目标，就是胜利。如果不把目标定在非胜不可，那努力就失去了意义。

⑨ 生命在于运动。有追求才会有幸福，有目标才会有兴趣，有兴趣才会有高效。

⑩ 首先设计自己的良好形象，设计自己的角色定位，设计自己的人生理想和目标；其次规划好自己六年、三年的职业生涯；再次落实到年度计划，分解到半年、三个月、月度工作和学习计划。

3. 自我完善

① 一个人要有伟大的成就，就必须不断有小成就。能做好千万件小事，必能做大事。

② 勇于自荐，勇于展示自我。

③ 内心之门要自己打开，所有的改变都从自己开始。

④ 成功没有捷径。品德与能力是基础，依靠循序渐进的磨炼和个人修养的积累。

⑤ 成功的秘诀之一就是多多求教于人。一个人能获得外人助力的大小，往往决定他的成就大小。成功者善于利用各种方法使人主动向他提供意见，并加以甄别，善加利用。

4. 自我批评

① 自我批评是一个人进步的阶梯，是一个人能否迈向成功的试金石，也是优秀人士、社会精英们的共同特点。

② 多数人总是习惯将指头指向别人，而很少朝着自己。如果我们总能把指头朝着自己，多一些自我批评，多一点自我管理，许多问题不攻自破，许多矛盾迎刃而解。

③ 多一些当面指正，少一些背后议论。一个人如果不能接受当面指正，势必遭到别人背后议论。

④ 看到别人的缺点，立刻反思自己有没有同样的缺点，用别人的缺点来照自己。

⑤ 良药苦口利于病，忠言逆耳利于行。能够当面指出我们缺点的人，往往是最关心我们，对我们帮助最大的人。提倡当面相互指正缺点，勇于接受批评，不要怕难为情。

⑥ 敢与强者比，惯与勇者赛，用自己的缺点和别人的优点比。

⑦ 世间没有失败，只有暂时停止成功。犯错误也是人生的一笔宝贵财富，关键是要善于从错误中吸取教训，越挫越勇，跌倒了立即爬起来。

5. 自我反省

① 每天都要反省：今天我做了什么？做错了什么？成功就是每天进步一点点。

② 凡事归因于内，习惯于从自身找原因。

③ "以其无私而能成其私"。一切以权谋私、贪赃枉法的行为，说到底都是短期行为，是鼠目寸光。今天的自律，今天对诱惑的拒绝，明天会带给你更美好的一切。

④ 一个人可以犯错，但不可以犯同样的错。

⑤ 要求别人做到的事，自己一定要做到；自己不想或不愿做的事，决不能强加给别人。

⑥ 经常议论别人的缺点是自己最大的缺点。不能正视自己的缺点，特别容易看到别人的缺点，这就是大多数人热衷于议论别人的最大奥秘。

【案例1】
本杰明·富兰克林的自我管理

本杰明·富兰克林（1706—1790）出身贫寒，只念了2年书就不得不在印刷厂做工。但他刻苦好学，勤勉努力，成为18世纪美国最伟大的科学家和发明家，著名的政治家、外交家、哲学家、文学家和航海家。富兰克林是个普通人，他是怎样走向成功之路呢？富兰克林成功的秘诀是什么呢？答案就是他善于自我管理。

本杰明·富兰克林的自我管理是从两个方面入手的：一是自我时间管理，二是自我品德管理，并辅以严格的检查。在自我时间管理方面，他把每天的作息时间列成表格，规定自己在何时工作，在何时休息，在何时做文艺活动。下面是他的时间表，你可以把它作为自我时间管理的参照：

早上5:00—7:00

起床、洗漱、祷告、早餐。

规划白天的事务和下决心。

晨读和进修。

在这段时间里，他向自己提一个问题：我一天将做些什么有意义的事？

8:00—11:00

切实执行一天的工作计划。

12:00—13:00

读书或查账，吃午饭。

14:00—17:00

把未做完的工作迅速完成，把已经做好的工作仔细检查一遍，有错的地方立即改正。

18:00—21:00

整理杂物，把用过的东西归放原处。

晚餐、音乐、娱乐、聊天。

作每天的反省。

此段时间，他提出一个帮自己反省的问题：我今天做了什么有益的事情？

22:00以后

好好睡觉。

【案例2】
C教授的自我管理

他有高级人力资源管理师、高级经营师、中国高级职业经理人、知名大学管理案例研究中心高级培训师等诸多头衔，并且还被多所高校聘请为管理类客座教授，他主编或者作为核心作者的著作有二十余本。二十年多来，他坚持用理论指导实践，用实践完善理论，在自己喜欢的培训咨询行业努力不懈，成了广受好评与欢迎的实战型培训、咨询专家。

那么，他是如何取得这些成就的呢？

中专毕业的他，幸运地被分配到了一家特大型国有企业。他通过分析，觉得自己并不适合做技术工作。从在生产线班长"四班三运转"的情况下起步，他开始了大专、本科、研究生、博士长达20年的不断学习历程，同时寻找一切机会兼职讲课。他觉得讲课能够让自己保持良好的学习状态与学习习惯。

目标在远方，道路在脚下。因为有充分的准备、长期艰苦的学习和努力，他历任团委书记、总经理秘书、管理部门负责人、上市公司高管、教育集团总裁，也顺利完成了从就业、职业经理人、创业者、企业家的平稳过渡。

不仅如此，为了保持一个优秀培训师的职业形象，他也非常注重自己的健康管理。在做企业高管时，他的体重曾经达到195斤。他制定了体重要到160斤的目标，每天早上6点起床爬山或者走路1小时上班，调整饮食结构与饮食习惯，坚持不懈、风雨无阻，用一年半时间达到了目标，并以正负1公斤的波动保持了多年。

回顾20年来的经历，有一件职场小事让他特别记忆深刻：一个下雨的早上，他看到了二十多辆自行车倒地，他主动全部扶起并搬到车棚下。这件事给当时的人事部长留下了深刻印象。在提名作团委书记候选人时，该部长大力举荐他，才让他迈出了与以往不同的职场之路。所以他坚定地认为，生活中不缺少"美"而缺少"发现"，相反，职场中并不缺少"发现"而是缺少"表现"！

【问题引导】
1. 看完上面两个案例，你有什么感想？
2. 请以案例一为例，试试对自己每天的学习做下简单的自我计划。

四、人际关系管理

（一）人际关系的内容和意义

人际关系（interpersonal relationships）指人们在社会生活中，通过相互认知、情感互动和交往行为形成和发展起来的人与人之间的关系。

1. 从不同层面看人际关系

① 作为个体心理过程的微观层面，是指个体的人在人与人间的"相互作用"。
② 作为社会的层面，是一种交往的需要。
③ 作为信息传播的层面，是一种"沟通"或"人际传播"的沟通过程。
④ 作为文化的精神层面，从深层次反映了人的文化积淀。

2. 从不同角度看人际关系

（1）从心理学角度　人与人交往的本身是为了交流有关认识性、情绪性、评价性的信息而相互作用的过程，交往双方在这一过程中实现对观念、思想、兴趣、心境、性格等的相互影响和交流。人的交往活动具有情绪互动的功能，在人的需要结构中，交往和归属的需要是重要的组成部分。

（2）从社会学角度看　社会群体是社会赖以运行的基本结构之一，协调人际关系是人生必备的本能，是作为社会人的一种共性。

（3）从传播学角度看　任何人际关系都是通过人际交往实现的，而人际交往的一个重要组成部分就是人际传播。人际关系表现为一种以传播为手段、并通过传播努力实现各自利益的相互关系。

（4）从文化角度看　不同文化群体的不同思维方式、价值观念、民族心理、传统习俗和审美趣味，都会在人际交往的过程中以及处理人际关系的方式中表现出来。人际关系其实就是一张以文化为纽带的社会交往关系网。

美国的戴尔·卡耐基曾说过：成功的15%依靠学识智力，85%依靠心理素质、人际关系。哈佛大学就业指导小组对数千名被解雇的雇员进行调查，结果表明，因人际关系不好而无法施展其长处的达90%之多。可见人际交往的重要性。

在学习生活中，人际关系能带来什么好处呢？

① 可以满足我们的情感需要，消除孤独感。

② 可以交流信息，增加个人的知识经验。

③ 可以实现互补。

④ 认识自我，改善自己。

⑤ 提供机遇。

(二) 营造和谐人际关系的方法和技巧

1. 建立良性人际资产

（1）一个好汉三个帮　许多事情都要借助于别人的力量才能得以完成，人不能离群索居，而要尽可能多地交朋友。一个人的实力可以通过他拥有的朋友的数量来确定。

（2）创造交往条件　建立人际关系，就要制造与人接触交往的条件、环境；然后才能与他（她）沟通，考察双方是否适应；度过"磨合期"后，还必须不断完善与对方的关系，形成一种优良的人际资产。

（3）扩大交际范围和深度　能够和对自己有帮助的人交往很重要。其中存在着双方的意愿，既然想接触对方，就应让对方能接纳自己，同时自身应具备足以吸引对方的魅力。

逐渐扩大交际深度，无形中加强自身的作用。尽量多和对自己有益的人交往，会自然而然地提高自身的附加值。

2. 遵循社会交往原则

（1）平等原则　社会主义社会的人际交往，首先要坚持平等的原则，无论是公务还是私交，都没有高低贵贱之分，要以朋友的身份进行交往，才能深交。切忌因工作时间短，经验不足，经济条件差而自卑；也不要因为自己是大学毕业生，年轻、美貌而趾高气扬，这些心态都影响人际关系的顺利发展。

（2）相容原则　主要是心理相容，即人与人之间的融洽关系，与人相处时的容纳、包含，以及宽容、忍让。要主动与人交往，广交朋友，交好朋友，不但交与自己相似的人、还要交与自己性格相反的人，求同存异、互学互补、处理好竞争与相容的关系，更好地完善自己。

(3) 相利原则　指交往双方的互惠互利。人际交往是一种双向行为，故有"来而不往非礼也"之说，只有单方获得好处的人际交往是不能长久的。所以要双方都受益，不仅是物质的，还有精神的。交往双方都要讲付出和奉献。

(4) 信用原则　交往离不开信用。信用指一个人诚实、不欺、信守诺言。古人有"一言既出、驷马难追"的说法，现在社会有诚实为本的原则，不要轻易许诺，一旦许诺，要设法实现，以免失信于人。

(5) 宽容原则　表现在对非原则性问题不斤斤计较，能够以德报怨，宽容大度。人际交往中往往会产生误解和矛盾。大学生个性较强，不可避免产生矛盾。这就要求大学生在交往中不要斤斤计较，而要谦让大度、克制忍让，不计较对方的态度、言辞，并勇于承担自己的责任，"做到宰相肚里能撑船"。宽容克制并不是软弱、怯懦的表现，相反，它是有度量的表现，是建立良好人际关系的润滑剂，能赢得更多的朋友。

3. 建立良好人际关系的技巧

(1) 微笑可以换取黄金　微笑是一座桥梁，能缩短心理距离、加强友谊合作。微笑是减少摩擦、缓解矛盾的润滑剂。它能冲淡对立、紧张的气氛，平息一触即发的怒火。

(2) "诚"字当先　诚实是成功交往的基础。诚实，字面含义就是真心真意。真、善、美是人们追求的三大理想境界，诚实是这一理想境界的要素之一。人与人交往最基本的心理保证是安全感，没有安全感的交往是难以维系的，只有抱着真诚的态度与人交往，才能使对方有安全感，从而引起对方情感上的共鸣。

在人际交往中，人们总是希望他人诚实，但却常常忽视自己的诚实。那么，怎样做到诚实呢？

① 要正直无私；

② 要说老实话，办老实事，做老实人；

③ 要表里如一，襟怀坦荡，言行一致。

(3) 大度为怀　宽容要求宽以待人，与人为善。朋友之间，彼此间的思想、情感、态度、观念、性格、爱好、行为方式不尽相同，常会因此产生分歧、误解。如果彼此间不能宽容，可能分歧会越来越大，误解越来越深，乃至造成人际摩擦与冲突，友谊破裂。人们常说：金无赤足，人无完人。人人都会有缺点，对于小过失与缺点，需要宽容、谅解。朋友之间要求大同，存小异，讲求彼此之间的包容。相互包容得越多，越有助于情感相容。当然这种宽容不能是无原则的。朋友之间，不能因为"义气"不惜牺牲原则，那样做的结果不仅害人，而且害己。

(4) 学会表达自己　人际交往中，所有人都必须用语言去表达自己的看法。一个人或一个团体如果不善言辞，会使自己的利益受到损害，有时会由于言辞不当引起别人的误解。

人们在交流时应注意：

① 词汇丰富，措词恰当，什么时候该幽默，什么时候该委婉，用词要恰到好处。

② 抓住听众的兴趣。

③ 适应不同场合。谈话的时间和环境会有大影响，相同的话在不同的环境中可以表达大相径庭的意思，演讲、谈判、聊天等不同场合，有不同的方法。

④ 分清谈话对象。与长辈或上司谈话及与晚辈、下属谈话，或与同辈、同事谈话等，其说话的语气、声调、词汇等均应有所区别。

(5) 学会倾听　做一个合格的听众在人际交往中就显得十分重要。一个合格的听众要掌握下面五条基本要素。

① 诚心：抱着谦虚的态度听。
② 专心：仔细听，不能三心二意。
③ 用心：捕捉对方话语中的涵义或言外之意。
④ 耐心：不要轻易插嘴。
⑤ 应心：给予适当的回应，鼓励对方说下去。

(6) 批评人的艺术　戴尔·卡耐基（1888年11月—1955年11月）是美国著名的成人教育家。他总结出的以下几种方法能帮助人们在批评别人时，既能避免被批评人自我防卫心理的反作用，又能有效地提醒对方注意自己的错误。

① 批评从称赞和诚挚的感谢入手。
② 批评前先提及自己的错误。
③ 间接提醒他人注意自己的错误。
④ 以启发而不是命令的方式提醒别人的错误。
⑤ 让别人保住面子。

【案例3】
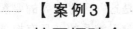
校园招聘会

在一个校园招聘会上，出现了如此一幕。一个成绩排名在前三名的同学的招聘过程，招聘单位看了她的简历后显然对她比较感兴趣，然后就问了一些常规问题，可那同学竟不知该如何开口，说话支支吾吾，词不达意，招聘单位立马对她失去了兴趣。同学离开后，那两个应聘的人说，成绩是挺好的，可惜不会交流。

【问题引导】
（一）若你是那位同学，你会怎么做？
（二）若你是招聘单位，你更看重什么？
（三）若你是旁观者，你从中学到什么？

五、情商提升术
（一）动能情商提升术
1. 成功提升情商开始

"情商"是人在情绪、情感、意志、耐受挫折等方面的品质，是决定人们发展的"非智力因素"。如果具有较高的"情商"，就能心情愉快地投入工作，保持健康的生活情趣，坚定自己的信仰和追求，在攻坚克难时百折不回。

2. 情商越高生存优势越大

一个人要事业成功，需要有正确的思想和理念的指引。每时每刻的行为都会对命运产生决定性的影响。情商高的人生活更有效率，更易获得满足，更能运用自己的智慧获取丰硕的成果。

在2008年的那场汶川大地震中，高情商的优势也显露出来。它使人们在无数垮塌的废墟之上，见证了生命的奇迹——被埋79个小时的女孩获救后，撩了撩头发，对着摄像机说："我没事，大家放心。"而另一名男孩开口说的第一句话，居然是"叔叔，我要喝可乐……"

这正是高情商的表现。情商高的人更容易成功，也更容易走出困境。智商显示一个人做事的本领，情商反映一个人做人的表现。情商高的人，说话得体，办事得当，才思敏捷，"人见人爱"。

3. 情商不高，事业受阻

情商在一个人的一生中是很重要的，情商低的话，危害会很大。有句话是这样说的，智商高情商低怀才不遇，智商低情商高占尽便宜，智商高情商高春风得意，智商低情商低无法治愈。这样一句通俗的话，很好地揭示了情商和智商的作用与表现，从中也可以看出来情商低的危害。

遇到挫折时，如果没有一定的抗打击和耐压能力，就经受不住生活的考验。遇到人生的重大挫折，就会无法承受，更不能很好地面对，就会失去方向，对人生失望甚至绝望，随之而来的将会是不能自控的情绪波动，不能进行正常的工作，不能掌控自己的生活。

钢铁大王卡耐基在总结自己事业成功的秘诀时，专门强调了自己不聪明，他说无外其他，我就一直遵守三个秘诀：时时刻刻设身处地地为他人着想；愿意做别人的观众，喜欢聆听别人的声音；时刻都会记得要给别人一点面子。就只是这样，就这么简单，没有别的。

这说明了拥有高情商的益处，也就反衬出情商低的危害。情商是个人事业成功的必备要素，这三个秘诀都是情商的内容。

（二）交际情商提升术

与人相处是一个人情商最基本的能力，对人一生的成败有着举足轻重的影响。在与他人交往的过程中，时刻保持着和谐融洽的关系，不仅会给人们的交往带来乐趣，更能为人们的生活或者事业带来无限的财富与收益，并最终帮助人们取得成功，实现美好的人生。

1. 提高社会情商，增强社会生存能力

在现今这样的时代里，可以这么说，一个人的社会情商决定了他的社会生存能力。

社会情商高的人，会说话，会办事，才思敏捷，人见人爱。情商低的人，则不合群，恶语伤人，让人感到很反感，实在是会招致很多麻烦的事，就是我们常说的不会做人，不会办事。

在社会中生存，尤其是在职场中摸爬滚打的时候，情商高的话，真的可以让你得到很多意外的惊喜，让你在职场中游刃有余、左右逢源。在国外，广为流传这样一句话："靠智商得到录取，靠情商得到提拔"，确实是这样的情况。

一旦进入了一个单位，只靠智商，没有较高的情商，是不可能在工作中发挥自己的所长，事业也不会取得很高的成就。我们在不断提升自己能力的同时，还应不断培养自己的情商。否则，即使"身怀绝技"，也难免"碰壁"。

在现代社会，情商反映的是个人的生存能力，也决定了一个人的生存能力。

情商是人生成功的秘诀，对于我们来说，不断地提高情商，可以影响自己的为人处世能力，还可以影响其他人。从而为自己的事业或生活创造更好的外在环境和内在环境，为自己人生的成功打下坚实的基础。

2. 修炼沟通情商，提高交际水平

沟通是现代社会人们不可或缺的一种生存技巧，沟通其实就是表达情感，传递信息。世界上的一切事物都是需要沟通的，而情商为沟通提供了必备的武器，没有情商的人是不可能

很好地与人沟通的，沟通很重要，情商对沟通的作用更重要。

情商对沟通的重要作用表现在生活中的方方面面。其中"笑"就是情商的一种最简单、最直接的沟通技巧，笑容是世界上最美的语言，它在很多情况下，比语言有更好的效果。

笑容是与人沟通的制胜法宝，正所谓以柔克刚，以静制动，当两个人很有默契的时候，就会面面相觑，然后相视微笑，这样就会不沟自通了，所以说笑容是沟通的第一步，也是沟通的最高境界。

（三）优势情商提升术

1. 学会控制自己的情感，做情绪的主人

情商在心理学上被称为控制感情的能力，是因为情商是一种综合能力。当一个人拥有情商中的控制能力的时候，也就拥有了禁止让自己犯错的法宝，因为错误大都源于冲动。

2. 提升"情感商数"，提高自我掌握情绪的能力

情感商数是代表一个人自我管理情绪和管理他人能力的指数，也就是情商中的控制自己的情绪、认识他人的情绪。

一个人的情感商数越高，就越能控制自己的感情，反之则控制能力越差。

情感商数高的人懂得适时收放自己的情绪，不会让情绪摆布自己的生活，会根据外面世界的变化把自己的情绪调整到最佳状态。

情感商数的高度决定了感情可控性的大小。一般情况下，一个人的情商数越高，他对感情的可控性也就越高，不会被情感所摆布。

3. 借鉴哈佛情商智能修养，使情商更完善

哈佛大学一直是很多人向往的学府，关于它的故事从地球的一端传到另一端，化成圆圈向每个人传播。

哈佛除了其本身的名誉之外，还来自于它培养出许多财富人物，这些财富人物在情感智能方面的表现也是引人关注的。

比尔·盖茨是闻名世界的人物，曾经连续 13 年蝉联世界首富，这样的人物称得上是传奇。他把他所得的大部分钱财捐给慈善事业，用于救助贫穷和被病魔缠绕的人们。从中可以看出他拥有很高的情感智能，能够调节自己的情绪，让自己不会把心思用在"消失的财产"上，他的情感智能是由："舍得、付出"组成的。

老布什和小布什分别是美国第 41 任总统和第 43 任总统。布什父子有一个相同的习惯，喜欢给孩子阅读课外书。这样的行为时情感智能的表现，是一种积极的心态。不仅能够提高孩子的兴趣，也能使自己在阅读中释放情绪和压力，可谓"一读双利"。

以上人物都是由哈佛培养的，他们有的好施，有的善建（和孩子建立沟通的桥梁），可以看出他们的情感智能。

比尔·盖茨没有因为自己的财富而骄傲自满，相反还乐于助人，用自己的钱财去救助他人。而布什父子同样身为总统，却没有因为地位高而放纵自己，相反他们会抽出时间给孩子们阅读课外书，不仅促进了父子之间的关系，同时也提高了双方的情感智能。

比尔·盖茨和布什父子虽然所做的事情不同，但是他们的行为都与情感智能有关系，也正是因为情感智能的平衡处理器，使他们能够做出一些别人做不到的事情。情感智能的发挥就是使人们时刻感受到善良、美丽，能够帮助人们压制不良抵触情绪。

（四）情绪掌控提升术

1. 高情商来自有效的自我掌控

作一个明智的人，就必须要学会掌握自己，而情绪是自我掌控中最难的一环。每个人都要掌握对自己情绪的自鉴和调控能力，有效、正确地管理自己的情绪，让情绪变成自己的帮手，而不是阻挡自己的障碍。

2. 高度的自我认知是情绪掌控的原动力

每个人对自己都有一个大致的了解，但是要想在人生中获得成功，就必须对自己有更深一层的了解，深入地剖析自己的优点和缺点，只有这样，才能确定自己适合做什么样的工作，自己的人生规划是什么，才能进一步实现人生的长远发展。

3. 多疑需要自我调控

人与人之间最基本的相处原则是信任，一旦产生了信任危机，人与人之间的沟通也会产生危机。

多疑是信任的绊脚石，如果一个人无法控制自己多疑的行为，那么他也就无法展开正确的思维，建立正常的人际关系网。

4. 情绪调控的五种方法

（1）在任何情况下，时刻保持冷静的头脑　"冲动是魔鬼"，任何事情都会因为冲动而变得不乐观。因为，冲动的处事方法，往往会使人在不了解真实情况的时候，就提早下定论，使事情朝相反的方向发展。

（2）让自己的生活充满条理性　当一个人把自己的生活设定在条理的范围内，那么他就会在做事情之前就设定方案，能够合理地完成自己所设定的方案。

（3）不断地磨合自己的情绪　当感觉自己的情绪不好的时候，要学会不断地磨合自己的情绪。只有不断地磨合情绪，才可以将情绪中携带的棱角磨平。

（4）学会控制自己对时间的观念　时间是最容易导致情绪变化的一种因素，因此，应当懂得合理安排时间。不要将自己的时间设置得太紧凑，也不要设置得太宽松，只有合理设定时间，才能把情绪控制得恰到好处。

（5）学会放松自己　生活中难免存在压力，当遇到让自己烦恼的事情，就要学会放松，因为，过分地隐藏、压抑情绪能够扭曲一个人的性格，所以适时地发泄才是最好的方法。

（五）职场情商提升术

通过有效的激励手段激发自身的自控潜能，让情绪为自己服务，可以塑造高情商。

1. 优质的情商塑造，使工作更高效

一个人处理工作等事情可以用智商，而对于工作中用人以及处理人与人之间的关系可以用情商，两者相结合，才能达到最好的工作状态。情商在工作中的作用中心在于沟通，可以利用情商及情绪的力量与同事相处、上下级沟通、工作磨合、客户交流等。

2. 优势激励法，提供更多竞争功能

激励法是一种健康心态的体现能够帮助人们走出消极的情绪氛围。优势激励法，教导人们摆脱自己心理阴影再重新塑造自己的形象。当一个人懂得合理适时地激励自己的时候，就能让自己永远保持积极的心态，能够从容地面对困难。

优势激励法的运用，就是放大自己的优势，使人活在自信当中，从而更加努力奋斗。

3. 克服厌职情绪，增加职场活力

造成厌职情绪的主要原因是无法适应现实与理想的差距。厌职会严重影响人们的工作和生活，面对厌职情绪可以采用下面几种方法。

（1）要能够进行自我调节，不被外界事物牵绊，能够在自己情绪要被影响的时候，及时控制。

（2）做小"新职员"，成就大人物　工作对新人来说，是机会也是损失，懂得把握机会，了解职场生涯的人能掌握工作中的禁忌，应付工作中存在的问题，作为新人，在刚刚工作的时候，要先建立良好的人际网，这样就能为自己的未来发展做好铺垫。

（3）和领导及时沟通　要与公司的领导进行及时沟通，让领导认可并接受自己。

（4）学会激励自己　激励是最好的良药，能够帮助人们面对压力和打击，并能够树立自信。

模拟训练

回忆一段你处理得很好的人际矛盾——涉及你和另外一个人，起初很棘手，如果处理不好可能产生十分严重的后果，但是，最后问题得到了很好的解决。

1. 涉及的人是谁？
2. 描述当时的一些细节。
3. 产生矛盾的原因是什么？
4. 每个人（包括你自己）都做了什么？
5. 解决问题的途径是什么？
6. 你从中学到了什么？
7. 绘声绘色地把整个故事讲一遍。

感　悟

1. 通过本次活动，使我感悟最深的是_____
2. 我需要做如下改变_____
3. 我的近期目标是_____

模块三

有效倾听

知识目标：了解倾听的含义，理解倾听的重要性、原则及失败原因。

能力目标：初步掌握倾听的技巧，培养学生主动倾听的能力，养成良好的倾听习惯，学会做一个合格的倾听者。在本模块学会评估自己的倾听效果，并能运用一定倾听技巧做到有效沟通。

案例赏析

案例一 一个在飞机上遭遇惊险却大难不死的美国人回家反而自杀了，原因何在？

那是一个圣诞节，一个美国男士为了和家人团聚，兴冲冲地从异地乘飞机往家赶。一路上他幻想着团聚时的喜悦情景。恰恰"老天"变脸，这架飞机在空中遭遇猛烈的暴风雨，飞机脱离航线，上下左右颠簸，随时随地有坠毁的可能，空姐也脸色煞白、惊恐万分地嘱咐乘客写好遗嘱放进一个特制的口袋。飞机上所有人都在祈祷，就在这万分危急的时刻，飞机在驾驶员的冷静驾驶下终于平安着陆，大家都松了口气。

这个美国男士回到家后异常兴奋，不停地向妻子描述飞机上遇到的险情，并且满屋子转着、叫着、喊着……然而，他的妻子正和孩子们分享着节日的愉悦，对他经历的惊险没有丝毫兴趣，男士叫喊了一阵，却发现没有人听他倾诉，他死里逃生的巨大喜悦与被冷落的心情形成强烈的反差，在他妻子去准备蛋糕的时候，这个美国男士却爬到阁楼上，用上吊这种古老的方式结束了从险情中捡回的宝贵生命。

懂得倾听，不仅是关爱、理解，更是调节双方关系的润滑剂，每个人在烦恼和喜悦后都有一份渴望，那就是对人倾诉，他希望倾听者能给予理解与赞同，然而那位美国男士的妻子没有做到，所以导致了悲剧的发生。可以这样说，倾听是这个世上最美的动作。

讨论

1. 为什么这个男士会自杀？
2. 从这个案例中你能联想到倾听在人们工作生活中有什么重要作用？

案例二 三个小金人的故事

古时候，有个小国的使者不远万里来到中国，带来了很多的贡品，其中最惹人瞩目的是三个小金人。那三个小金人一模一样，大小、重量乃至表情都不差分毫，金灿灿的，发出耀眼的光芒，在一旁观看的大臣都忍不住发出啧啧的赞叹声。皇帝也高兴得不得了，放在手上把玩，爱不释手。

"这三个金人虽然一模一样，但是其中一个最有价值。素闻贵国人才济济，想必这个问题不难解决，我们也希望这满朝文武大臣中能有人给我们一个完满的解释。"使者口气带着明显的挑衅。

皇帝被激将起来，满口回答说："这个自然不在话下，待我的臣子们研究后，自然给你们答复。"

可是事情并不像想像的那样简单。各个地方的珠宝匠来了又去，称重量、查做工，都没有看出一点差别。使者在一旁看了，阴阳怪气地说："你们泱泱大国，怎么连这么个小问题都解决不了呢？"

这时，一位素来沉默寡言的老臣站出来对皇帝说："老臣愿斗胆一试！"

只见老臣取来三根细铁丝，分别穿入三个人的耳朵，结果，第一根铁丝穿过了一个金人的耳朵，然后从另一只耳朵穿了出来；第二根铁丝则从第二个金人的嘴巴里出来了；而第三根铁丝却被金人整个都吞进去了。"禀告圣上，第三个金人最有价值！"老臣说。

使者叹服地点点头，称赞道："佩服！佩服！当初制作这些金人时，特意在耳朵和嘴巴相连处做了区别，意在说明要少说多听。这位大人高明，可见也是深谙此理的高人……"

讨论

1. 如何理解第三个金人最有价值？
2. 这个故事对你有什么启示？

案例三 你是善于倾听的人吗？

在小李被破格提升为公司高级管理人员的当天，董事长在办公室给他讲了个故事："在一个仓库里，几个人把一块手表掉了，大家竭力寻找，却怎么也找不到，后来……"

小李没想到是这样一个老掉牙的故事，就插言到："后来一个小孩趁这几个人休息的时候来到仓库，趴在地下，找到了那个手表，因为他用耳朵听到手表滴滴答答的声音……"

"很好，看来你听过这个故事，但是你明白这个故事吗？"

"当然知道，就是要我们学会倾听，倾听可以发现许多意想不到的事情！"

"没错，但是你在倾听我说吗？孩子，自信是商人成功的标志，但自信和自负是不同的。你现在是公司的高级管理人员，如果你不去倾听来自员工的话，你将和市场脱节。懂吗？"

讨论

1. 你会倾听吗？
2. 这个故事对你有什么启示？

理论指导

有一个年轻人，去拜访苏格拉底，向他求教演讲术，苏格拉底刚开口没说几句话，这位年轻人不但不认真听，反而打断老师的话，自己滔滔不绝讲了许多话，以显示自己的才能。

苏格拉底说："我可以教你演讲，但必须收双倍的学费"。年轻人问："为什么要双倍呢？"苏格拉底说"要教你两门课，除演讲外，还要上一门课：怎样闭上嘴听别人说话。"

良好的沟通常常是先从善于倾听开始的。倾听别人说话，表示一个人敞开心扉。人在内心深处，都有一种渴望得到别人尊重的愿望，善于倾听才能激发对方的谈话兴趣，才能听出对方的心声，才能让彼此的心灵融通。

善于倾听是成功沟通的一半，懂得倾听的人才会获得朋友，因为他分担了朋友的烦恼；懂得倾听的人才能准确把握谈话者的意图、流露的情绪、传播的信息，想到合适的办法，更好地沟通下去，达到最终目的。

倾听是沟通最重要的组成部分，在沟通中具有重要意义。富兰克林说，与人交谈取得成功的重要秘诀就是多听，永远不要不懂装懂。许多人不能给人留下良好印象，就是因为他不注意听别人讲话。心理研究显示，人们喜欢善听者甚于善说者。倾听可以给人留下良好印象，加深关系，调动积极性，解决问题，消除误解，说服别人。

卡耐基曾讲过这样一件事。在一个宴会上，他坐在一位植物学家身旁，专注地听着植物学家跟他谈论各种有关植物的趣事，除了提出一个问题之外，他几乎没有说什么话。但分手时那位植物学家却对别人说，卡耐基先生是一个最有意思的谈话家。

卡耐基曾说"如果希望成为一个善于谈话的人，那就先做一个善于倾听的人"。会说话是一种才能，会倾听则不仅是一种才能，也是一种修养，甚至是一门艺术。学会倾听应该成为每个渴望事业有成的人的一种追求、一种职业自觉，倾听也是优秀人才必不可缺的素质之一！无论是企业的中高层经理、职场人士或是刚刚走出校门的大学生，都要注重倾听技巧的修炼，这样才能在自己的工作中更能够游刃有余，收获更多宝贵的经验，从而更加稳妥地迈向成功！

一、倾听的概念

倾听不仅仅是要用耳朵来听说话者的言辞，还需要一个人全身心地去感受对方在谈话过程中表达的语言信息和非语言信息。

倾听首先是听，但不仅仅是听，还包括语言、非语言信息等概念。国际倾听协会对倾听的定义是"接受口头和非语言信息，确定其含义并对此作出反应的过程"。沟通中"听"与"倾听"有以下区别："听"（hearing）是人与生俱来的听见声音的能力，是人的感觉器官对声音的生理反应。"倾听"（listening）是一个主动参与的沟通过程，是将声音转换为意义的过程，它包括感知、理解、评价和反应四个阶段。它需要利用逻辑思维和原有知识对信息进行加工分析，是一个主动参与的过程。

二、倾听的步骤

倾听的步骤如图3-1。

三、倾听的作用

生活中每个人都渴望表达自己。善于倾听的人能给他人表达机会，自然也就更容易获得他人的友谊。古希腊有一句民谚"聪明的人，借助经验说话；而更聪明的人，根据经验不说话。"西方还有一句著名的话叫：雄辩是银，倾听是金。中国则流传着"言多必失"和"讷于言而敏于行"等济世名言。这些流传下来的俗语正说明倾听是多么的重要。

倾听，意味着慎言，避免流言，不伤害自己也不伤害他人；倾听，代表对他人的尊重，同时也赢得了别人的尊重；懂得倾听，才能更深刻地了解他人，也了解自己，取他人之长，

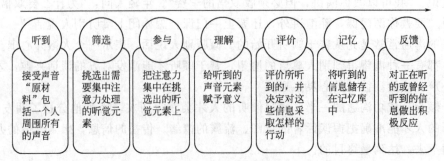

图 3-1 倾听的步骤

补自己之短。能够倾听他人意见的人,必定是一个富于思想和具有谦虚柔和性格的人,是一个懂得如何与别人相处的人,这种人在人群中最初可能不大被人注意,时间久了,就会受到人们的尊重和欢迎。

(一)倾听是获取信息的重要来源

在信息时代,每个人都是"信息源"。只要善于倾听,就不会孤陋寡闻,也就是人们常说"处处留心皆学问"。缺乏经验的人可以通过倾听来弥补自己的不足,富有经验的人通过倾听可以使工作更出色,善于倾听各方的意见有利于做出正确的决策。

世界上有不少发明创造就是听出来的,别人的一两句话,可以点燃创意的火花。日本经营之神松下幸之助就是一位善于倾听、勇于创新的人。有一次,他在市场闲逛,听到几位买东西的妇女议论说,家用电器的电源插头,能够同时插上几种电器就好了。说者无意,听者有心。松下幸之助马上回去组织人员研发,很快便生产出"三通"电源插头,结果大受欢迎。

(二)倾听有利于知己知彼

我们常说:当局者迷,旁观者清。许多人不了解自己的本性和短处,怎样才能更多了解自己呢?当然需要经常学习与思考,还有一个好方式就是尽量多和别人交流。在交流倾听中发现自己的不足和优势,倾听是人们获取更多信息、正确地认识他人的重要途径。中国有句俗语"听君一席话,胜读十年书"。一个人如果总是张嘴说,学到的东西会很有限,了解的真相也少。相反,如果善于倾听,乐于分享别人的信息与情感,别人也会乐于给出建议。由此,就会学到很多东西,发现许多思考问题与解决问题的新办法。

会"听"话的人既能很好地领会、理解别人说话的意思,又能仔细地欣赏、揣摩别人说话的技巧,更能从别人的言谈中听出言下之意和弦外之音,同时,还要做到察言观色。通往别人内心世界的第一步就是认真倾听,在陈述自己观点之前先让对方畅所欲言,就可以有的放矢、找到说服对方的关键。因此,了解他人的最好方式,除了观察,就是用心倾听。

(三)倾听可以让他人感受到被尊重

倾听是一种礼貌,是尊敬讲话者的表现,是对讲话者的一种高度赞美,更是对讲话者最好的恭维。因此,倾听能使人了解沟通对象想要什么,什么能够让他们感到满足,什么会伤害或激怒他们。有时,即使不能及时提供对方所需要的,只要乐于倾听,不伤害或激怒对方,也能实现无障碍地沟通、创造性地解决问题。每个人都希望获得别人的尊重,受到别人的重视。当一个人专心致志地听对方讲时,对方一定会有一种被尊重和重视的感觉,双方之间的距离必然会拉近。倾听能使对方喜欢你、信赖你。

【案例1】
倾听让人感觉被尊重

经朋友介绍,重型汽车推销员乔治去拜访一位曾经买过他们公司汽车的商人。见面时,乔治照例先递上自己的名片:"您好,我是重型汽车公司的推销员,我叫……"

刚说了几个字,该顾客就以十分严厉的口气打断了乔治的话,并开始抱怨当初买车时的种种不快。例如服务态度不好、报价不实、内装及配备不对、交接车等待时间太长……

顾客在喋喋不休地数落着乔治的公司及当初提供汽车的推销员,乔治只好静静地站在一旁,认真地听着,一句话也不敢说。

终于,那位顾客把以前所有的怨气都一股脑儿地吐光了。当他稍微喘息了一下时,方才发现,眼前的这个推销员好像很陌生。于是,他便有点不好意思地对乔治说:"小伙子,你贵姓呀,现在有没有一些好一点的车种,拿一份目录来给我看看,给我介绍介绍吧。"

当乔治离开时,心里已经兴奋得几乎想跳起来了,因为他的手上已经拿着两台重型汽车的订单。

从乔治拿出产品目录到那位顾客决定购买,整个过程中,乔治说的话加起来都不超过10句。重型汽车交易拍板的关键,由那位顾客道出来了,他说:"我是看到你非常实在、有诚意又很尊重我,所以我才向你买车的。"

因此,在适当的时候,让自己的嘴巴休息一下,多听听顾客的话。当销售人员满足了对方被尊重的感觉时,自己也会因此而获益的。

(四)倾听有利于心灵沟通

一个人耐心地听别人说话,可以给对方满足感,激发对方的表达欲望。当一个人滔滔不绝的时候,一定是感觉很好的时候,甚至可以把对方当成知心朋友。倾听可以让生活变得更加快乐,让工作变得更加轻松,让销售人员的订单来得更多,让身边的人更喜欢自己,让顾客更信任自己。

【案例2】
倾听赢得理解

1965年,日本经济低迷,市场环境很是不好,松下电器的销售行与代理店受到严重影响,全部陷入困境。松下为了改善情况,决定彻底审视整个销售体制,但这遭到了部分销售行与代理店的反对,而且反对的声浪日渐高涨。

松下召集了1200家销售行的负责人进行商议。为了更好地倾听反对者的声音,更有效地与他们沟通,会议一开始,松下幸之助就说:"今天开这个会,是想知道大家关于变革销售体制的想法。请大家各抒己见。"说完,松下就请那些持反对意见的负责人发表意见。在他们发表各自意见时,他一言不发,静静地坐在一旁倾听。等到所有人的发言都结束了,他才详细地说明了新的销售方式的推行目的及方法。令人惊讶的是,这一次,销售行的负责人并没有站出来反对他的这一改革,反而对新方案表示理解与支持,同意推行。

应该说,这次通气会议的成功更多的是倾听的成功。通过"倾听",松下表达了他的心声与理解，消除了反对者的不满，同时赢得了他们的理解与支持。

四、倾听的层次及类型

（一）倾听的层次

倾听也是分层次的，有人看似在听，其实心不在焉；有人只听自己感兴趣的；有人不但听了，还积极思考。在人际沟通中，倾听一般分为以下五个层次。

1. 第一个层次："听而不闻"

充耳不闻，完全没听进去；别人讲别人的，自己做自己的。这种态度很容易让人识别出来，会给人一种不尊重人的感觉，会造成交流障碍。

2. 第二个层次："敷衍了事"

在沟通中经常采用嗯……喔……好好……哎……词语，略有反应其实是心不在焉，几乎没有注意说话人所说的话，心里考虑着其他毫无关联的事情，或内心只是一味地想着辩驳。这种倾听者感兴趣的不是听，而是说，他们正迫不及待地想要说话。这种听是消极被动的听，往往导致人际关系的破裂，是一种极其危险的倾听方式。

3. 第三个层次："有选择地听"

倾听者遇到喜欢的话题就认真对待，表现积极，如声音突然放大，语速加快，但不持久，经常脱离对话，回到消极状态。听到不同意见或不感兴趣的内容就自动消音过滤掉。有些人忽略了倾听对方谈话，还会以"他讲的不重要"来自我安慰，这就是有选择地听。

4. 第四个层次："专注地听"

每句话都认真听了，但并未用心思考。倾听者往往只关注语言信息，而忽视了讲话者通过语调、表情、眼神等体态语言所表达的意思，因而不能捕捉到对方表达的全部信息。这种层次上的倾听，常常导致误解、错误的举动，失去真正交流的机会。另外，倾听者经常通过点头示意来表示正在倾听，讲话者会误以为所说的话被完全听懂了。

5. 第五个层次："同理心地倾听"

"同理心地倾听"的出发点是为了"了解"而非"反应"。这不是一般的"听"，而是用心去"听"，是感受式的听，是积极主动的听，这是一个优秀倾听者的典型特征。这种倾听，不急于做出判断，而是通过说话者的言谈举止来了解对方的想法、情绪与内心世界。这样可以设身处地、真诚地交流，不等于赞成对方所说的一切，但力求了解对方，这是人与人平等而有效交流的基础。"同理心倾听者"能够设身处地看待事物，总结已经传递的信息，质疑或是权衡所听到的话，有意识地注意非语言线索，询问而不是质疑辩驳讲话者。他们的宗旨是带着理解和尊重积极主动地倾听。这种感情注入的倾听方式在形成良好人际关系方面起着极其重要的作用。

在英语中有这样一个表达倾听层次的公式：listening＝hearing＋thinking＋paraphrasing

通过此公式可以看出，听见只是倾听的第一步，它只是代表人的听觉系统接受了声音。很多人误认为注意声音自然就会理解声音。可是，试想我们看过的外国影片就知道了，听到并不意味着理解。图3-2介绍了我国繁体字有关"听"的含义。

（二）倾听的类型

据统计，人53%的时间都用在倾听上，每天都在倾听，但倾听的动机和目的有很多种。有时为了获取知识，为了工作；有时为了关心尊重他人，赢得一个好的人际关系；有时纯粹是享受和放松。倾听的类型大体可以分为以下几种。

一个"耳"字，用耳朵听
"四"代表眼睛：要看着对方
"耳"下方还有个"王"字，要把说话的人当成王者对待
一个"心"字：一心一意、专心地听
倾听是一项全身运动

图 3-2　我国繁体字有关"听"的含义

1. 获取信息式倾听

尽管倾听很重要，但还会出现不注意倾听的情况。一位经常旅行的女士，在飞机乘务员讲解飞机安全常识时，她总是看杂志。一天，当她乘坐的飞机出现故障在跑道上紧急降落时，她后悔当初没注意听乘务员的安全指导。

同样的一个人，在不同的时间与场所，倾听效果大相径庭。这说明：一个人倾听效果的好坏，不在于其倾听能力的高低，而在于其用心程度。

2. 批判式倾听

批判式倾听是评估所听到的内容。为了批判地倾听，人们寻找说话者的动机并质疑说话者的观点和内容。这些质疑可以在头脑中进行，也可以直接向对方表达出来。在理想状态下，所有沟通中的倾听都应该是批判式的，但往往因为信息的不对等无法进行批判式倾听。当一个人劝说另一个人相信或者做某件事情时，倾听者往往采用批判式倾听。批判式倾听中，倾听者往往寻找说话者的动机、质疑说话者的观点和内容。

在批判式倾听中，首先要明确事实和观点，事实永远是真实的，但观点是人们观察事物时所处的位置或采取的态度。在倾听过程中人们听到更多的是观点而不是事实。

3. 情感移入式倾听

情感移入式倾听是为了情感而倾听。这种倾听最经常地发生在人际沟通中，而且它经常是以帮助妥善处理说话者的情感和面对的问题为目的。这是因为随着社会的发展、工作节奏的加快及生活压力的增大，很多人都有心理压力。人们需要一个排解渠道，向别人倾诉、分享自己的情感，他们需要的是一个听众，并非建议。倾听是给予情感支持的一种方式，一个倾听者所要做的就是把自己的情感放到一边，投入到对方的情感中去。

4. 享乐式倾听

享乐式倾听的目的是为了给自己带来乐趣，通过运用倾听技巧，人们能学会享受复杂的内容。人们经常为了享乐而倾听，欣赏娱乐类节目，消遣放松，是人们每天都在做的事。一个人将听到的与自己的经验联系起来，这种倾听可以使自己的生活充满乐趣。

五、倾听的原则

（一）主动

主动倾听能给别人留下良好的印象，是维系人际关系、保持友谊的有效方法。许多人之所以不受欢迎，并不是因为他们口才不好，而是因为他们不懂得倾听。心理学研究表明，人们对善于倾听的人会有好感。

（二）虚心

倾听时要做到虚心，不能在对方说话时，中途打断而发表自己的意见，首先这样做是不礼貌的，会让人产生反感。其次，实际上往往没有把对方的意思听懂、听完，会导致沟通失败。随便插话打岔、打断对方的思路和话题、任意评论和表态，是某些领导者在倾听中的不良习惯。这些习惯会严重妨碍到沟通效果，必须克服。

（三）耐心

想成为一个受欢迎的人，就要学会倾听。即使说者看上去在发脾气，也不要反击，要把话听完。倾听者可以深呼吸，静静地从一数到十，让对方尽情地发泄情绪。倾听者还可以告诉对方"多告诉我一些，我很想知道"，或是"我理解你的失落，我也很难受"。这些话能表达倾听者的同情和理解，能引起对方的好感。如果倾听者不耐烦地说"我正在工作"或"我不关心那些事"，那么对方谈话的积极性很容易受打击，可能再也不愿意与倾听者讲话。

（四）礼貌

礼貌地倾听，会向对方传达出倾听者的友善，会拉近双方的距离，从而搭建起交流的桥梁。礼貌地倾听，也就是要让说话人感觉受到听话人的尊重和欢迎，需要注意两点。

1. 在倾听时要表现出同理心

在说话人情绪不佳，说气话时，听话人需要设身处地，表示出理解说话人的境况。例如客服人员在听到客户抱怨或投诉的时候，首先要听客户倾诉，因为客户的怒气会通过倾诉得以释放，客服人员耐心倾听和理解所表现出的善意，会拉近双方的距离，为下面解决问题或说服打下良好的基础，这已被诸多案例所证实。

2. 在倾听时要宽容

在倾听时，要原谅对方说话中表现出的性格弱点，不要挑剔。这种宽容的态度，会赢得说话人的好感，让说话人愿意与倾听者沟通。永远不要去苛求对方。要知道，金无足赤，人无完人。在对话中，说话人会暴露出一些毛病，比如爱炫耀自己、爱吹几句牛，或喜欢挖苦别人等。遇到这些情况，倾听者要有涵养，不可以直接指责或表现出不屑。这样一定会赢得对方的好感，促进沟通的顺利进行。

六、倾听失败的原因

倾听是人们每天都做的事，但又不时出现失误。例如，问了一个刚被回答过的问题，遭到同学的笑话；在课堂上不能集中精神，抓不住重点；经常抢话。为什么倾听会失败呢？

一个人思考的速度总是要比说话的速度快。说话的标准速度是每分钟 150～160 个字，人最多可以每分钟听 300 个字甚至更多而不中断讲话的思路。这两种速度之间的差距使人们难以耐心倾听，就产生了注意力不集中、不等对方说完就插话、不能领会对方说出来的话的实际含义等问题，这是人的原因。此外，在沟通过程中，受到一些外部因素的干扰也会导致倾听失败。影响倾听的因素有很多，按来源分为外部因素和内部因素。

（一）外部因素

1. 环境干扰

环境比较嘈杂、噪声很大，会使人烦躁不安，无法集中注意力，严重影响倾听的效果。根据不同环境的特征，可以把倾听的客观障碍分为表 3-1 所示的几种类型。

表 3-1　环境类型特征及倾听障碍源

环境类型	封闭性	氛围	对应关系	主要障碍源
办公室	封闭	严肃、认真	一对一,一对多	不平等造成的心理负担,紧张,他人或电话打扰
会议室	一般	严肃、认真	一对多	对在场他人的顾忌,时间障碍
现场	开放	可松可紧、较认真	一对多	外界干扰,事前准备不足
谈判	封闭	紧张、投入	多对多	对抗心理,说服对方的愿望太强烈
讨论会	封闭	轻松,友好积极投入	多对多,一对多	缺乏从大量散乱信息中发现闪光点的洞察力
非正式场合	开放	轻松,舒适散漫	一对一,一对多	外界干扰,易走题

2. 噪声干扰

噪声干扰不仅仅指声音的干扰,如说话人的音量过低、背景声音过大;还指其他方面的干扰,如浓烈的香水味、过高的室内温度、夸张的服饰等。噪声干扰还包括来自听话者心理方面的干扰,如走神(听不懂、不想听、不用心、出于习惯)。

(二) 内部因素

在沟通的过程中,造成沟通效率低下的最大原因在于倾听者本身。心理上的过滤或是先入为主会使人们对对方的话进行预先判断。造成倾听失败的内部因素主要有以下几个方面。

1. 认知冲突

一个人面临两种或多种相互对立的观点时,就会感到矛盾。比如海水,不知道的人会觉得如果在海上航行,渴了可以喝海水。可事实却不是这样的,因为海水中的盐分使人们身体不能继续保持平衡,如果口渴喝海水,人们就会越喝越渴。倾听那些与人们原有的认知发生矛盾的信息时,也会使人感到矛盾。人们为了降低这种矛盾,通常会忽略那些引起冲突的信息。

2. 自以为是

人们往往认为自己才是对的,在倾听过程中,会倾向于听与自己观点一致的意见,对不同的意见往往是置若罔闻,这样往往错过了倾听他人观点的机会。

【案例3】
巴顿将军尝汤

巴顿将军为了显示他对部下生活的关心,搞了一次参观士兵食堂的突然袭击。在食堂里,他看见两个士兵站在一个大汤锅前。

"让我尝尝这汤!"巴顿将军向士兵命令道。

"可是,将军……"士兵正准备解释。

"没什么'可是',给我勺子!"巴顿将军拿过勺子喝了一大口,怒斥道:"太不像话了,怎么能给战士喝这个?这简直就是刷锅水!"

"我正想告诉您这是刷锅水,没想到您已经尝出来了。"士兵答道。

启示:只有善于倾听,并在倾听之后再做决定,才不会做出愚蠢的事!

3. 急于表达

许多人认为只有说话才是表白自己、说服对方的唯一有效方式,若要掌握主动,便只有说。在这种思维习惯下，人们容易在他人还未说完的时候，就迫不及待地打断对方。

【案例4】
斯坦福大学的由来

多年以前，美国哈佛大学的校长为一次错误判断，失去了一次难得的发展机遇，但却造就了斯坦福大学。

那天，一对老夫妇没有事先预约，就直接去拜访哈佛大学的校长。女士穿着一套褪色的条纹棉布衣服，而她的丈夫则穿着布制的便宜西装。校长的秘书在顷刻间就断定这两个人根本不可能与哈佛有业务往来。老先生轻声地说："我们要见校长。"秘书很礼貌地回答："他整天都很忙。"女士回答，说："没关系，我们可以等。"

过了几个小时，秘书一直忙自己的事，把他们冷落在一边，希望他们知难而退，知趣地离开。他们却固执地等在那里。

秘书终于决定通知校长："也许他们跟您讲几句话就会走开。"校长不耐烦地同意了，他接待了这对夫妇。

女士告诉他："我们有一个儿子曾经在哈佛读过一年书，他喜欢哈佛，他在哈佛的生活很愉快。但是去年，他因车祸而身亡。我丈夫和我想在校园里为他留一座纪念物。"

校长并没有被感动，反而觉得可笑。粗声地说："夫人，我们不能为每一位曾读过哈佛而后死亡的人建立遗像的。如果我们这样做，我们的校园看起来不和墓园一样了吗？"

女士说："不是，我们不是要树立一座遗像，我们是想捐一栋大楼给哈佛……"

校长再次审视了一下两人身上的条纹棉布衣服及粗布便宜西装，然后吐了口气说："你们知不知道建一栋大楼要花多少钱？我们学校的建筑物价值超过750万美元。"

这时，那位女士沉默了。校长终于如愿以偿，可以把他们打发走了。

这位女士转向她的丈夫说："只要750万就可以建座大学？那我们为什么不建一座大学来纪念我们的儿子？"

就这样，斯坦福夫妇离开了哈佛，来到加州，成立了斯坦福大学以纪念他们的儿子。

4. 用心不专

在倾听对方讲话时，如果用心不专，对方会觉得不受重视，导致倾听失败。

【案例5】
一个汽车推销员的故事

有一次，乔花了近半个小时才让顾客下定决心买车，而后，乔所需要做的只不过是让他走进乔的办公室，签下一纸合约。

当他们向乔的办公室走去时，那人开始向乔提起他的儿子，因为他儿子就要考进一个有名的大学了。他十分自豪地说："乔，我儿子要当医生。""那太棒了。"乔说。当他们继续往前走时，乔却看着其他的推销员。"乔，我的孩子很聪明吧，"他继续说，"在他还是婴儿时我就发现他相当聪明。""成绩非常不错吧？"乔说，仍然望着别处。"在他们班是最棒的。"那人又说。"那他高中毕业后打算做什么？"乔问道。"我告诉过你的，乔，他要到大学学医。""那太好了。"乔说。突然地，那人看着他，意识到乔太忽视他所讲的话了。"嗯，乔，"他突然说了一句"我该走了"，就这样他走了。

下班后，乔回到家里想想今天一整天的工作，分析他所做成的交易和他失去的交易，考虑白天客户离去的原因。

第二天上午，乔给那人的办公室打个电话说："我是乔•吉拉德，我希望您能来一趟，我想我有一辆好车可以卖给您。""哦，世界上最伟大的推销员先生"，他说，"我想让你知道的是我已经从别人那里买了车。""是吗？"乔说。"是的，我从那个欣赏、赞赏我的人那里买的。当我提起我对我的儿子吉米有多骄傲时，他是那么认真地听"。随后他沉默了一会儿，又说："乔，你并没有听我说话，对你来说我儿子吉米成不成为医生并不重要。好，现在让我告诉你，你这个笨蛋。当别人跟你讲他的喜恶时，你得听着，而且必须全神贯注地听"。

顿时，乔明白了他当时所做的事情。乔此时才意识到自己犯了个多么大的错误。

5. 情绪干扰

情绪对沟通内容的理解及其详细程度有很大程度的影响。大多数人在情绪化的时候无法做到主动倾听，这些干扰的情绪包括极度焦虑、悲痛、兴奋或听到负面的消息。譬如：人们在心情烦躁、不平静时，会简单回答应付，甚至不能理解他人表达的内容。比如，如果老师告诉学生考试内容很难的话，那么学生们就会担心考不好，这将影响学生们的听课效果。

七、倾听的技巧

交流是双向的，在沟通过程中，无论何时何地都不可能只有一方在传达信息。提倡主动积极地倾听，是因为倾听是一个复杂的过程，好的倾听者不仅成功地接受对方传递的信息，而且给予反馈，鼓励说话的人说得更好，实现真正的双向交流。同时在听的时候，还要交流感情，让对方快乐，为下一步说服或沟通打基础。

1. 保持目光接触，表示兴趣

倾听时，必须注视对方的眼睛。人们判断一个人是否在倾听，是看倾听者是否看着自己。

2. 展现赞许性的点头和恰当的面部表情

通过一些非语言信号，表示同意，微微点头、淡淡微笑，都可以让说话者知道倾听者在认真倾听。倾听时，身体微微前倾，侧着耳朵，表示在积极倾听。说话人看到倾听者在仔细听，就会越说越来精神。

3. 避免分心的举动或手势

倾听者，应把可以用来信手涂鸦或随手把玩等使人分心的东西（如铅笔、钥匙等）放在一边，避免分心。有人把乱写乱画、东张西望、看手表等解释为心不在焉，这些应该引起想要有效倾听的人的注意和重视。会见重要客人时，要养成关闭手机的习惯。

4. 做出反馈，适当的提问

提问是对说话者的奖励，可以刺激他有兴趣讲下去，倾听者可以通过提问要求对方把某些重要内容说得详细一些，这样不仅让倾听者获得更多的信息，而且会增进彼此之间的感情。比如："我可能没有听懂，你能否再讲具体一点？""还有哪些方面需要考虑的呢？"值得注意的是，这些问题都是为了让对方提供信息而问的，并非对谈话者所讲内容进行评价或评论。

5. 理解准确，合宜地重述

即用自己的话把说话者的话重新叙述一遍。有些人在倾听时会这样说"你的意思是不是……"或者"我觉得您说的是……"这样说的原因有二：一是因为合宜地重述是检查倾听者是否认真倾听的最好方式。如果倾听者并没有注意倾听或者在思考别的内容，他一定不可能准确完整地叙述内容。二是重述说话者的信息，并将此信息反馈给说话者，也可以检验自己对他人话语内容的理解是否正确，以免产生误解。

6. 有耐心，避免打断说话者

要表达对说话者的意见和态度时，首先要等他把话说完，在别人说话时不要试图猜测别人的意思，等他讲完，自然就明白了。

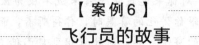

【案例6】
飞行员的故事

美国著名的主持人林克莱特在一期节目上访问一位小朋友，问他："你长大了想做什么呀？"小朋友天真地回答："我要当飞机驾驶员！"林克莱特接着说："如果有一天你的飞机飞到太平洋上空时，飞机所有的引擎都熄火了，你会怎么办？"小朋友想了想："我先告诉飞机上所有的人绑好安全带，然后我系上降落伞，先跳下去。"

当现场的观众笑得东倒西歪时，林克莱特继续注视着孩子。

看到这里人们会从心底油然而生对主持人林克莱特的敬佩之情，佩服他与众不同之处，能够让孩子把话说完，并且在"现场的观众笑得东倒西歪时"仍保持着倾听者应具备的一份亲切、一份平和、一份耐心。

7. 暗中回顾，整理重点，并提出自己的结论

当与人沟通时，人们通常都会用几秒钟的时间在心里回顾一下对方的话，整理出其中的重点，提出自己的结论。

倾听不是被动地接受，而是一种主动行为。当感觉到对方正在不着边际地说话时，倾听者可以用机智的提问把话题引回到主题上来。倾听者不是机械地"竖起耳朵"，在听的过程中脑子要转，不但要跟上说话者的故事、思想内涵，还要跟得上对方的情感深度，在适当的时机提问、解释，使得会谈能够步步深入下去。

八、小结

在人们被指责的所有沟通错误中，不去倾听或许排在第一位。倾听是一种技巧，像任何其他技巧一样，必须要通过学习和实践才能获得。有效倾听的障碍包括认知失调、焦虑、控制性倾听以及被动性倾听。倾听也是一种过程和相互作用。人们在听到信息之前要它进行预测。怎样倾听由给予信息的关注程度来决定，可以通过选择注意过程来过滤掉不必要的信息。一旦听到一种信息，人们必须要通过挑选和组织所听到的内容来赋予它含义。在倾听中，最后一个步骤是选择需要记住的内容。

模拟训练

情景一　纸条游戏

1. 2人/组，面对面坐。

2. 老师分别将任务 1、任务 2 分别发给每组两位学生。

任务 1：选择一个你感觉很幸福的话题，向你的伙伴讲述两分钟。

任务 2：当你的伙伴在讲话时，用身体语言或打岔等表示你没有认真倾听对方讲话。

任务 3：通过你的手势、身体语言、应答或赞同表示出你对对方的讲话非常有兴趣。

3. 学生各自看各自的任务。

4. 按照纸条上任务要求，双方进入状态，开始执行任务。

5. 谈感受。

6. 老师收回任务 2。

7. 原来任务 1 的同学将任务给队友。

8. 老师发任务 3 给原任务 1 的同学。

9. 各自看各自的任务。

10. 按照纸条上任务要求，双方进入状态，开始执行任务。

11. 谈感受。

情景二　传话游戏

1. 选择两组，每组 8 人。

2. 每组学员从前向后纵向排列。

3. 教师将不同的一句话分配给每一组，从前面第一个成员开始，一对一用悄悄话（说话时，不能让其他成员听到）的方式依次向后面传话。

4. 每组最后一个学生将自己听到的那句话在全班学生面前复述。

5. 找原因。

情景三　面试

请 5 名学生担任面试官，现场面试 1 名学生，场景可分为：

1. 公司面试。

2. 学校面试。

3. 学生社团面试。

要求：每名主试官准备两个问题；被面试者要认真回答。

面试官要认真倾听被面试者的回答并根据回答形成一个总体面试结果。

感　悟

1. 通过本次活动，使我感悟最深的是＿＿＿＿＿＿＿＿＿＿＿＿＿＿＿＿

2. 我需要做如下改变＿＿＿＿＿＿＿＿＿＿＿＿＿＿＿＿＿＿＿＿＿＿

3. 我的近期目标是＿＿＿＿＿＿＿＿＿＿＿＿＿＿＿＿＿＿＿＿＿＿＿

模块四

口头语言沟通

知识目标：了解语言沟通的种类、原则。掌握交谈中语言表达的基本要求、接打电话的基本要求、说服的技巧等。

能力目标：能恰当使用、巧妙运用有声语言，提高口头沟通的能力和效果。学会"见什么人说什么话，到什么山唱什么歌"。

案例赏析

案例一　朱元璋的老朋友

有一则民间故事，说到朱元璋称帝以后，从前的穷朋友去找他叙旧，下面两段话说的是同一件事。

旧友甲：我主万岁！当年微臣随驾扫荡庐州府，打破罐州城，汤元帅在逃，拿住豆将军，红孩儿当关，多亏菜将军。

旧友乙：我主万岁！还记得我吗？从前你我都替人家看牛，有一天我们在芦花荡里，把偷来的豆子放在瓦罐里煮着。还没等煮熟，大家就抢着吃，罐子都打破了，撒了一地的豆子，汤都泼在泥地里，你只顾从地上满把地抓豆子吃，不小心连红草叶子也送进嘴里，叶子哽在喉咙口，苦得你哭笑不得。还是我出的主意，叫你赶紧用青菜叶子，放在手上一拍吞下去，这才把红草叶子带下肚子里去了……

大家猜猜结果会怎么样呢？

结果是：穷朋友甲做了御林军总管，穷朋友乙惨遭斩首。

讨论

1. 沟通双方关系与沟通效果的关系如何？
2. 关系、交情相同，说的又是同样一件事，为何结果大相径庭？
3. 在关系、交情一定的情况下，在特定场合下的语言表达方式对沟通效果有何影响？
4. 怎样理解"病从口入，祸从口出"这句话？

案例二　触龙说赵太后

战国时，赵太后（威后）刚刚执政，秦国就加紧进攻赵国。为抵御秦国的进攻，赵太后向齐国求救。齐国提出的条件是：必须要用长安君（赵太后的儿子）做人质，齐国才能出兵。赵太后心疼儿子，不答应，大臣们极力劝谏。太后骂道："有再说让长安君去做人质的人，我一定朝他脸上吐唾沫！"大臣们没有人再敢劝谏了，可问题并没有解决。

左师触龙是一位优秀的游说者。他要求去见太后，太后气势汹汹地等着他。触龙故意称自己的脚有毛病，缓慢地走到太后面前，向太后道歉说："我的脚有毛病，连小跑都不能，很久没来看您了，请恕罪。但我十分担心太后的身体，所以想来看望您。"

触龙又关切地问太后的日常饮食等，使赵太后稍稍平息了怒气。接着，触龙向太后说："我的儿子舒祺，年龄最小，不成才；而我又老了，私下疼爱他，希望能让他替补上黑衣卫士的空额，来保卫王宫。我冒着死罪禀告太后。"

提起子女赵太后作为女人自然关心。她询问了孩子的年龄，并且问触龙："你们男人也疼爱小儿子吗？"触龙说："比妇女还厉害。"太后笑着说："妇女更厉害。"

触龙的话打动了赵太后，于是他巧妙地将自己要表达的意思提出来："我私下认为，您疼爱燕后（赵太后的女儿）就超过了疼爱长安君。"太后说："您错了！不像疼爱长安君那样厉害。"触龙又说："父母疼爱子女，就得为他们考虑长远些。您送燕后出嫁的时候，拉着她的脚后跟为她哭泣，这是惦念并伤心她嫁到远方。她出嫁以后，您也并不是不想念她，可您祭祀时，一定为她祝告说：'千万不要被赶回来啊。'难道这不是为她作长远打算，希望她生育子孙，一代一代地做国君吗？"太后说："是这样。"

触龙进一步诱劝说："赵国从建立至今，子孙们还有封侯的吗？没有了。因为他们位尊而无功、奉厚而无劳。现在您把长安君的地位提得很高，又封给他肥沃的土地，给他很多珍宝，而不趁现在这个时机让他为国立功，一旦您百年之后，长安君凭什么在赵国站住脚呢？所以我觉得您对燕后的疼爱超过了对长安君的疼爱。"太后说："好吧，任凭您指派他吧。"

触龙成功地说服了赵太后，将长安君送到齐国去做人质，齐国立即出兵协助赵国抗秦。

讨论

1. 众大臣为何劝谏失败？触龙是如何成功说服赵太后的？
2. 你对"良药苦口"有何认识？
3. 如何理解"晓之以理，动之以情"？
4. 在沟通协调中如何运用"法、理、情"？

案例三　对牛弹琴

春秋时期，鲁国有个著名的音乐家，名字叫公明仪。他对音乐有极深的造诣，善于弹琴。他的琴声优美动听，人们听到如此美妙的琴声之后往往如醉如痴。

有一年的春天，他带着琴来到城郊的田野散步，和煦的春风将青草的芳香吹到他的面前，让他心情非常舒畅。他环顾四周，发现不远处有一头大公牛正在吃草。他兴致勃发，突发奇想要为这头公牛演奏一曲，于是他拨动琴弦，对着这头公牛弹奏了一首高雅的《清角之操曲》。

虽然公明仪弹奏的曲子非常悦耳动听，但是那头吃草的牛儿却根本不理会那高雅的曲调，仍然低着头继续吃草。因为公牛虽然能听到琴弦发出的声音，但是并不能理解曲子中的美妙意境。

公明仪见美妙的琴声并不能打动这头不懂音乐的牛，非常无奈。过了一会儿，他又想出了一个办法。公明仪抚动琴弦，弹出一段段奇怪杂乱的声音，有的像嗡嗡的蚊蝇声，有的像迷路的小牛犊发出的叫声。这时候这头大公牛才像突然明白了什么似的，摇摇尾巴，竖起耳朵，听了起来。

后来，人们就用"对牛弹琴"来比喻对愚蠢的人讲深刻的道理，或对外行人说内行话，白白浪费时间；现在也用来形容人说话不看对象。

讨论

1. "对牛弹琴"寓意着什么道理？
2. 谈谈"见什么人说什么话"在沟通中的重要性。

理论指导

口头语言沟通是所有沟通形式中最直接的沟通方式，是指借助语言进行的信息传递与交流。口头语言沟通的形式很多，如交谈、电话、辩论、谈判、广播、演讲、会议等。

口头语言沟通是人类交际中最重要的交际方式，孔子说过："言不顺，则事不成"。良好的语言沟通足以立身，足以成事。鬼谷子人际兵法是古代游说技术的集大成者，古代苏秦、张仪等纵横家们的口才都是非常出众且富有煽动性。他们就是凭借出色的口才来说服帝王将相们的。语言才华与个人天赋有关，也与一个人的自身修养和知识积累有关，下面从技巧性方面来介绍如何提高口头语言沟通的效果。

一、交谈

交谈是人们借助一套共同的语言沟通规则交流思想、传递情感、互通信息的双方或多方的语言活动。交谈是我们日常生活、工作以及社交场合中最重要的口头语言表达方式，既能促进生活如意，事业顺利，也能伤害别人，招来灾祸，正所谓"良言一句三冬暖，恶语伤人六月寒。"古人说：舌为利害本，口是祸福门。会说话的人具有强大的亲和力和向心力，能迅速与人打成一片，创造和谐融洽的氛围，只言片语就能获得成功。

交谈存在着沟而不通、沟而能通和不沟而通三个层次。交谈效果主要取决于交谈者的综合素质、文化修养、思想水平，除此之外，与交谈者的语言表达方式和交谈技巧有很大的关系。

（一）交谈技巧

语言表达得体，就是要求做到恰如其分，使语言适应不同的环境、不同的对象和不同的语体，即根据语境条件使用语言，选用恰当的语句来表情达意。有人通俗地说，所谓得体就是根据需要说相应的话。场合、对象、目的等语境条件变化会引起语言运用的变化，需要注意表达方式、交际目的、场合、对象、手段的差异，同时还要注意敬辞、谦辞的使用。得体的语言，可以处理好人与人之间的关系，化干戈为玉帛；可以调节气氛，化尴尬为融洽。

1. 语言表达要考虑交谈对象

《孙子兵法》上说，"知己知彼，百战不殆"。同样，沟通协调不仅要"知己"，还要做到"知彼"，只有掌握沟通对象的基本情况，然后投其所好，避其所忌，做到有的放矢，才能进行有效沟通。语言沟通是双向的，既有说的一方，也有听的一方，因此说的一方要根据听的一方的年龄、身份、职业、地位、文化程度、文化背景、思想、性格、爱好、禁忌等出发，说恰当的话。即所谓"见什么人说什么话"。交谈要看准对象，要因人而异，区别对待，尤其是要注意区别听话人的文化知识水平。如果双方在生活习惯、知识背景、文化储备等方面存在层次差异或语言障碍，不能形成语言共振，说者就应该主动变换自己的表达方式，使受众能听得懂。

【案例1】

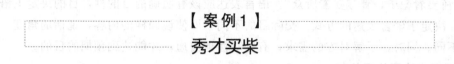

秀才买柴

有一个秀才去买柴，他对卖柴的人说："荷薪者（挑柴的）过来！"卖柴的人听不懂"荷薪者"三个字，但是听得懂"过来"两个字，于是把柴担到秀才前面。秀才问他："其价如何？（柴的价钱多少）"卖柴的人听不太懂这句话，但是听得懂"价"这个字，于是就告诉秀才价钱。秀才接着说："外实而内虚，烟多而焰少，请损之。"（这柴草外头硬，里边空，冒烟多，发火少，请减点价钱吧！）这下，卖柴人一点儿也不明白秀才说的是什么，挑起柴担转身就走。

【案例2】

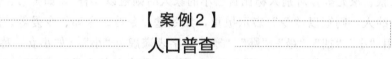

人口普查

一位人口普查员问一位乡村老太太："有配偶吗？"老人反问："配偶是什么？"普查员解释说："配偶就是老伴儿。"老太太笑着说："你说老伴儿不就得了，俺们哪懂你们文化人说的什么配偶啊！"

2. 语言表达要符合场合

萨迪说：在要说一些事之前，有三件事情要考虑：方法、时间、地点。交谈的双方都是在一定的时间背景、特定的空间场合下进行语言沟通活动的。也就是说任何语言沟通都是在一定的时空条件下进行的，不同的时空场合对语言沟通有不同的制约作用，不同的时间、地点，要用不同的语言表达。要分清场合，把握时机、因地制宜，才能达到理想的沟通效果。

交谈的场合各种各样，有喜庆、哀伤之分，有庄重、轻松之别。在喜庆的场合谈令人伤感的话，在庄重的场合说笑话都是不得体的。庄重场合要求用语庄重、规范，一般用书面语。工作场合要求用语准确、简明扼要，经常要使用某些专门的术语或行话。日常场合要求用语自然、亲切、灵活，一般多用口语。娱乐场合要求用语风趣、生动，有时还需要点幽默。场合不同了，表达用语也必须随之变化，因地而异，讲究分寸，巧妙用语，以求达到最佳表达效果。即所谓"到什么山唱什么歌"，要适应不同的场合，说话用语要巧妙自然。

【案例3】

尴尬的生日宴会

一位八十多岁的老先生举办生日宴会，宾朋满座，酒酣兴浓。有人提议点歌来助兴，掌声响过，某君高歌一曲电影《铁道游击队》主题歌——《弹起我心爱的土琵琶》，歌词是：西边的太阳快要落山了，鬼子的末日就要来到，弹起我心爱的土琵琶，唱起那动人的歌谣……主人顿时容颜大变，尽管及时停了音乐，但是整个现场气氛已经十分尴尬。

3. 语言表达要考虑目的

"射箭要看靶子，弹琴要看听众"。语言表达应该有明确的目的性，目的决定了语言得体的尺度，决定了语言表达的方式。交际目的不同，即使说同样的内容，说话的角度、重点等应有所不同。同时，了解对方的需求，有针对性地沟通，才能达到预期的目的。

4. 语言表达要体现礼貌

中华民族文化传统要求人们在交往中，对他人应使用敬称和谦称，应该尽量抬高他人以示谦虚、尊敬和客气。敬词只能用于称对方，而谦词只能用于称呼己方。处什么位置说什么话。要注意谦敬词及礼貌用语的使用。常见的敬词有："贵"（称人年龄叫贵庚）、"大"（称人作品叫大作）、"高"（称人见解叫高见）、"尊"（问人姓氏说尊姓）、"光"（称人到来说光临）、"拜"（托人办事叫拜托）、"赐"（请人指教叫赐教）、"雅"（请人指正叫雅正）、"惠"（对方到来称惠顾）。对别人称自己的长辈和年长的平辈时冠以"家"，如家父（家严）、家母（家慈）、家叔、家兄等；对别人称比自己小的家人时则冠以"舍"，如舍弟、舍妹、舍侄等，称别人家中的人，则冠以"令"表示敬重，如令堂、令尊、令郎、令爱等。除"家""舍""令"外，用"小""拙""愚""鄙""寒"等字表谦虚，"小"（如小女，称自己的女儿）、"拙"（如拙见，称自己的见解）、"鄙"（如鄙见，称自己的意见）、"寒"（如寒舍，称自己的家）、"愚"（如愚见，称自己的意见）等。

现代常用的社交用语有以下几种。初次见面说"久仰"，对方来信叫"惠书"，托人办事用"拜托"，赞人见解用"高见"，老人年龄问"高寿"，与人分别用"告辞"，请人勿送用"留步"，求给方便说"借光"，欢迎购买叫"光顾"，中途先走用"失陪"，等候客人用"恭候"，请人帮忙说"劳驾"，请人指点用"赐教"，求人原谅说"包涵"，客人来到用"光临"，看望别人用"拜访"，麻烦别人说"打扰"，请人指教说"请教"，好久不见说"久违"，赠送作品用"斧正"。

交谈中使用礼貌用语，会给人良好的印象，有助于提高沟通的效果。但是很多汉语词语都具有态度、色彩的倾向性，如把握不好，就会闹出笑话。

【案例4】
知县的回答

从前有个知县好巴结上司。一天，知府到他这儿巡视，在宴会上，知县一边劝酒，一边套近乎。"大人几位公子呀？"知府伸出两个指头回答，"有两个犬子。"说完反问知县："大人有令郎几位呀？"不问则已，一问把知县问傻眼了。知县心想：知府大人称自己的儿子为犬子，我该怎么称呼我的儿子呢？他想了好半天，才毕恭毕敬地回答："回禀大人，卑职只有一个5岁的王八羔子！"

5. 语言表达要得体

语体就是适应特定语言环境而形成的不同语言体式。它分为口头语体和书面语体两大类。不同的语体，往往运用不同的语言材料，适应各自不同的语境和交际需要，形成各自不同的语言特点。口头交谈语体要通俗易懂，亲切自然，生动活泼；书面交流语体要庄重严谨。

【案例5】
电影《林则徐》中的法令

电影《林则徐》中写林则徐召见外商，申明中国政府关于严禁贩卖鸦片的命令，其中说到如有违令者，"船货交公，人即正法"。有外商问："什么叫'正法'？"中国官员答："正法就是杀头。"

林则徐说的是法令，所以用的是庄严典雅的"正法"，官员是口头对话，所以用了浅显易懂的"杀头"，和各自的语体都很协调。

6. 语言表达要准确

汉语博大精深，不乏同音双关、同音歧义的字词。因此，在交谈中需要准确运用。表达准确是每个人在交谈中必须遵守的基本准则，也是对表述者的基本要求。否则，表达不准确，就会引起误解，造成不快，甚至失去信任。

【案例6】
请客

有个主人请客，看看时间过了，还有一大半的客人没来，主人心里很焦急，便说："怎么搞的，该来的客人还不来？"一些敏感的客人听到了，心想："该来的没来，那我们是不该来的了？"于是悄悄地走了，主人一看又走掉好几位客人，越发着急了，便说："怎么这些不该走的客人，反倒走了呢？"剩下的客人一听，又想："走了的是不该走的，那我们这些没走的倒是该走的了！"于是都走了。最后只剩下一个跟主人较亲近的朋友，看到这种尴尬的场面，就劝他说："你说话前应该先考虑一下，否则说错了，就不容易收回来了。"主人大叫冤枉，急忙解释说："我并不是叫他们走哇！"朋友听了大为恼火，说："不是叫他们走，那就是叫我走了？"说完，头也不回地离开了。

出口不够谨慎，没有顾及到听者的立场，就很容易在无意中伤害别人，而产生一些不必要的误会。所谓"说者无心，听者有意"，就是这个道理。

7. 语言表达要幽默

幽默是一种最有趣、最有感染力、最具普遍意义的传递艺术。幽默不等于笑话！有人曾说：幽默是一个人自然而然地流露出来的，其语言中丝毫没有酸腐偏激的意味。而油腔滑调和矫揉造作虽能令人一笑，但那只是肤浅的滑稽笑话而已。只有朴实自然、合乎人情、合乎人性、机智通达的语言，才会虽无意幽默，但却幽默自现。幽默的语言表达是最难的，它是智慧和灵感的结晶，是一个人良好素质、风度、修养的表现。日本心理学家多湖辉把幽默称作"语言的酵母"，也有人把幽默化作情绪的按摩术。幽默运用得当或能为交谈锦上添花，或能产生强烈的震撼效果，或能以其人之语还治其人之身。

【案例7】
机智的海涅

德国著名诗人海涅是犹太人，经常受到某些人的非礼对待。在一次晚会上，有一人对海涅说："我在旅行中发现了一个小岛，但是岛上竟然没有犹太人和驴子"。海涅对这位自以为是的人不动声色地说："看来，只有你和我一起到那个岛上，才能弥补这个遗憾"。

8. 语言表达要精湛

说话要简明扼要，语言要短小精炼；以少胜多，同时要戒掉口头禅、用语要准确，表达要清楚。交谈时要遵循KISS（keep it short and simple）原则，即在规定的时间内，"说"重要的事情，并且把它说好。也就是要以最经济的语言表达出丰富的思想内容，使受众在较短的时间内与说话者进行有效的交流。

（二）交谈六不准

① 不准挖苦对方。
② 不准教育对方。
③ 不准随便纠正对方。
④ 不准质疑对方。
⑤ 不准随意打断对方。
⑥ 不准补充对方。

二、电话沟通

电话沟通方便、快捷，已经是现代社会人们在工作、生活中常用的一种沟通方式。电话虽然人人都能使用，但并非都能有效地使用，使用不当会影响沟通效果。同时，电话不仅能反映接打电话者的情绪、文化修养和礼貌礼节，也能反映一个组织的形象和员工的素质。因此接打电话是一门艺术，无论是对公司同事还是对客户，通话运用的语言和方式都会影响到对方的感受。要灵活运用语言，并选择适当的时机和通话环境，才能给对方留下好的印象，为双方进一步交流打下良好的基础。

（一）打电话的步骤及要求

1. 通话前准备

通话前要做好充分准备。确定通话人，明确通话的目的，准备好通话提纲，选择最佳表达方式，预测在电话沟通中可能会出现的障碍，制定面对这些障碍可行的解决方案等。

2. 核对电话号码，拨出电话

核对电话号码，调整好心情和身体姿态，拨出电话。如果拨号后无人接听，待铃响七八声之后挂断，等一会儿再拨打。不要长时间等待对方接听，更不要不间断地重复拨打，因为对方很可能有急事或不便接听。

3. 问候并确认对方

亲切并礼貌问候，建立良好的第一印象。随后确认对方是否是要找的通话人，以免浪费时间或通话尴尬。

4. 自我介绍

通话前要自报家门，让对方知道自己是谁。

5. 陈述内容

有条理的陈述通话内容，通话时需遵循以下原则：先说重点内容，再说次要内容；先说结论，再陈述原因。

6. 确认和复述通话内容

简明扼要总结和复述通话的重要内容或结论，同时，也是再次确认或强调。

7. 道别、挂机

礼貌结束，后挂轻放。如果使用的是固定电话，挂机时一定要轻轻放下话筒，显示良好修养。一般情况下，不要着急挂机，等对方挂机后再挂机，特别是通话对方是上级、长者，急于挂机有失礼貌。如果通话双方是平级，则打电话者先挂机。

8. 整理记录

要整理好通话记录，必要时形成通话纪要。

（二）打电话的注意事项

打电话需牢记5W2H。所谓5W2H是指以下内容。

1. When，何时

选择恰当的时间拨打电话，不要影响或干扰别人的休息和工作。一般情况下在工作日早上8点之前，节假日9点之前，三餐时间，晚上9点之后不宜拨打电话。办公电话宜在上班时间10分钟之后和下班时间10分钟之前拨打。私人电话尽量不要在工作时间拨打，节假日一般不拨打公事电话，如遇特殊情况应予以说明并致歉。长途电话或国际电话要考虑时差。

2. Where，何地

选择恰当的场合拨打电话，在不同的场合礼貌使用电话。不在会场、公共场合拨打电话。如果在公共场合要顾及他人，不要旁若无人大声通话。

3. Who，何人

拨通电话后要先礼貌问候，再核实对方的身份或单位部门名称，是不是要找的人或单位部门。如果打错电话要说声对不起，表示歉意，并确认电话号码以免再次打错。如果要找的人不在，要道谢，并烦劳代为转告，或询问对方何时方便再拨打电话。

4. Why，何故

简要说明打电话的目的，语言要求简单、明了、准确、清晰。

5. What，何事

写好通话提纲，准备好相关资料，清楚表达重点内容。

6. How，如何说

选择适当的通话方式方法，虽然打电话时面部表情和身体语言对方看不到，但是对方能"听"得到，能感受到你的真诚和友善。因此，通话时要保持良好的身体状态，面带微笑，语气温婉，语调自然，语言文明，用语规范。

7. How much，掌握通话时间

正常情况下采用"通话三分钟"原则，占用对方过多的时间是不礼貌的。通话用语要简洁、明了，直截了当。

（三）接电话的步骤及要求

1. 接听电话

及时接听电话，等候要短。不及时接听电话有失礼貌，一般要在听到铃声响2~3声接听电话。

2. 问候并自报家门

接听电话后，首先要礼貌问候，随后自报家门。

3. 确认对方

重复对方姓名或单位名称，加以确认，以免弄错发生误会。

4. 记录并商议有关事宜

通话过程中要礼貌应答，认真接听。同时，要记录重要的通话内容，特别是通话涉及的时间、地点、人物、事件和结论等。

5. 复述确认通话要点

简明扼要总结和复述通话的重要内容或结论，同时，也是再次确认或强调。

6. 道别和挂机

礼貌结束，后挂轻放。如果使用的是固定电话，挂机时一定要轻轻放下话筒，显示良好修养。一般情况下，不要着急挂机，等对方挂机后再挂机，特别是通话对方是上级、长者、客户，急于挂机有失礼貌。如果通话双方是平级，则打电话者先挂机。

7. 整理记录

要整理好通话记录，必要时形成通话纪要。

（四）接电话的注意事项

接电话需牢记 6W2H。所谓 6W2H 是指以下几点。

1. Who，来电何人

接到电话后要先礼貌问候，再询问对方的身份或单位部门名称。

2. Who，找何人

询问对方要找的通话人或单位。如果对方打错电话要礼貌告诉对方，并与对方核对电话号码以免对方再次打错。如果通话人在旁边或附近，要请对方稍等，主动积极去找通话人来接听电话。如果对方要找的通话人不在或不方便接听电话，要向对方致歉，并请对方稍后再拨，或询问可否代为转达，或询问对方是否方便留下电话号码，而后告诉当事人方便时回复。

3. When，何时来电、约定的时间

询问并记录来电话的具体时间，或约好的下次通话时间、见面时间等。

4. Where，何处来电、约定的地点

询问并记录来电人的单位、地理位置（如国家、城市），或通话约定的见面地点等。

5. What，何事来电、提到的内容

准确记录来电事宜，谈及的重要内容。

6. Why，何故来电、提到的因由

弄清并简明扼要记录来电的目的和因由。

7. How，如何做

记录来电要求，或经商议需要做的事情，以及方法、步骤等。

8. How much，掌握通话时间

正常情况下采用"通话三分钟"原则，占用对方过多的时间是不礼貌的。通话用语要简洁、明了，直截了当。

（五）接听电话基本应答礼仪

以下列出了接听电话恰当和不恰当的做法。

不恰当的做法	恰当的做法
你找谁？	您好！请问您找哪位？
有什么事？	请问您有什么事？有什么能帮到您吗？
你是谁？	请问您贵姓？
不知道。	抱歉，这事我不了解。
我问过了，他不在。	我再帮您看一下，抱歉，他还没有回来，您方便留言吗？
没这个人！	对不起，我再查一下，您还有其他信息可以提示一下吗？
你等一下，我接个别的电话。	抱歉，请稍等。

（六）接打电话时声音运用技巧

使用电话沟通时，声音就成为沟通的唯一使者。因此，电话沟通就特别要讲究声音运用的技巧。

1. 调整心态，端正态度，使声音充满和蔼可亲，充满善意

通话时，虽然对方看不到你的面部表情，但是你的态度决定了你的声音，你的声音传递着你的态度，对方能感受到，能"听"到。

2. 保持正确姿态，使声音真实，富于弹性

通话时保持正确的站姿、坐姿，手握话筒，嘴巴与电话话筒保持适当的距离，使气流通畅、真实。不要将话筒夹在肩部和下颌之间，也不要将电话放到一边，开着免提通话，更不要蜷坐在沙发里、躺在床上通话，不然声音会失真、走调。

3. 控制语速，口齿清晰

通话要语速适中，不急不慢，清楚表达。语速过快，会造成口齿不清，给人在听力上和心理上造成压力。

4. 控制音量，显示修养

通话时要以对方听到为宜，音量不易过高或过低。声音提高八度，大喊大叫，唯恐对方听不到；声音过低，使得对方听不清、费力听，这都会给人以缺乏修养和风度的感觉。

5. 恰当运用语调，准确表情达意

语气语调要稳重、平缓。电话沟通时双方互不见面，语调和语气的作用就显得非常重要。

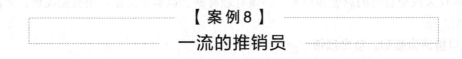

【案例8】 一流的推销员

日本有一个非常有名的推销员叫夏木至郎，有一天晚上，夏木和太太都躺下了。突然，夏木掀开棉被，脱下睡衣，换上衬衣，打上领带，穿上西服，然后梳头发，喷香水，穿上皮鞋，打好鞋油。一切准备妥当，只见夏木拿出电话，面带微笑，拨出电话，毕恭毕敬地打电话给顾客，说："先生，非常抱歉，这么晚打电话给您，因为我们约好今天晚上要跟您确定明天见面的时间地点，我们现在可以确认一下吗？"确定好了，谈话在3分钟之内结束。挂断电话，他脱掉皮鞋、西服、衬衣，换上睡衣，回到卧室继续睡觉。

他太太骂他"你给顾客打个电话用得着这样大费周章吗？顾客又看不见你。"夏木说："太太，我是一流的推销员。如果我穿着睡衣打电话，顾客虽然看不到我，但是能在电话中感觉到我的态度，那是对顾客的不尊重。我穿上西服给顾客打电话，那是对顾客的尊重，我的语气就不一样，效果是不同的。"

打电话时，不仅要注意使用礼貌用语，还要注意调整心情，表情自然、语气到位，虽然是对方看不到你，但是对方能"听"得到你。

三、说服

说服是语言沟通的最高境界。说服就是借助语言交流等手段改变他人原有的意志、观念和行为的过程。

（一）说服的原则

说服不是强制性的，是用一种意志、观念和行为去影响或改变另一种意志、观念和行为，是一种求同存异、趋向一致的语言沟通、情感交流的过程。

1. 以个人魅力建立信任感

建立信赖感是成功说服的基础。信赖感来自于权威、知识、能力、品行、人格魅力，一个正直、诚实、言行一致、表里如一的人往往更容易获得他人的信任。

【案例9】
霍夫兰实验

美国实验心理学家霍夫兰，毕生研究人的心理对行为的影响，研究说服与态度的关系、态度的形成与转变、说服的方式、技巧与能力等。为了验证说服者的作用，霍夫兰做了一个实验：将一群人分为3个小组，分别让3个人给3个小组做同一个题目为《一个少年犯》的演说。这3个演说人分别被主持人介绍为"法官"、"普通人"、"有过劣迹的人"。演讲结束后，3组听众分别给演说者打分。结果"法官"得了高分，"普通人"得了中分，"有过劣迹的人"得了负分。3种不同身份的人，做同一题目的演说，形成了3种大不相同的影响力。

这个实验表明：享有盛誉的人比无声誉的人更能影响或改变他人的态度。因此，在说服他人时，要重视说服者的个人条件和魅力。

2. 以事实为依据，晓之以理

说服他人改变自己的观念和行为，必须有理有据。以事实为据，用数据说话，才能让人心服口服。

3. 以情感为基础，动之以情

人是有血有肉的高级动物，有时晓之以理不能说服对方时，不如改变方式，动之以情，用真挚的情感、动人的语气表达自己的意见，往往更能打动人，说服人。

4. 运用同理心，用心沟通

《孙子兵法》中说："攻心为上，攻城为下"。"心"锁还需钥匙打开。要说服对方，必须先了解对方的性格特征，并站在对方的角度感受他的想法和需求，产生并运用同理心，调整并选择对方能接受的方式和语言说服对方。

【案例10】
铁杆不懂沟通之法，钥匙了解锁头的"心意"

一把坚实的大锁挂在大门上，一根铁杆费了九牛二虎之力，还是无法将它撬开。钥匙来了，他瘦小的身子钻进锁孔，只轻轻一转，大锁就"啪"地一声打开了。

每个人的心，都像上了锁的大门，任再粗的铁棒也撬不开。唯有用心，才能把自己变成一把细腻的钥匙，进入别人的心中。

(二) 说服的技巧

在现实生活中，有人三言两语就能使人心服口服、乐意接受他的观念和意见、配合他的行动。有的人滔滔不绝、费尽口舌，对方也无动于衷。要说服他人，最重要的是掌握和运用说服的技巧。

1. 运用苏格拉底问答法，使人多说"是"

从心理学角度分析，多说"是"，能使人身心处于开放、愉悦的状态，从而易于接受观点。希腊哲学家苏格拉底常用这种方法说服人，所以又称"苏格拉底问答法"。从简单的问题谈起，巧妙提问让对方回答"是"的问题，多让对方说"是"，假如有可能，尽量不要对方说"不"。限定范围，让对方二选一，很容易得出你想要的结果，对方还会觉得是他自己的选择。

2. 换位思考，满足其需求

换位思考是说服的技巧，也是说服者提高说服力必备的基本特质。要善于从对方的角度出发，洞察对方的需求。先站在对方的角度和立场承认或部分赞同对方的观点、态度的合理性，消除对方的抵触情绪，逐步瓦解心理防线。而后站在对方需求的角度，逐步扩大范围，讲述对对方的有利之处，慢慢引导，步步深入，使被说服者接受自己的观点。只从自己的角度和利益出发，不顾对方的感受和需求，很难达到说服的目的。

【案例11】
卡耐基租旅馆

卡耐基租用某旅馆的礼堂讲课。一天，他突然接到通知租金要提高3倍。卡耐基前去找经理交涉。他说："我刚接到通知，有点儿震惊，不过这不怪你。如果我是你，我也会这么做。因为你是旅馆的经理，你的职责是使旅馆盈利。"接着，卡耐基为他算了一笔账，说："将礼堂用于办晚会、舞会，当然获利颇丰。但是，你撵走了我，也等于撵走了成千上万有文化的中高层管理人员，而他们光顾你的旅馆，是你花几倍的钱也买不到的活广告。哪个更有利呢？"最后经理被他说服了。

卡耐基成功说服归结于他能首先完全站在旅馆经理的立场上说："如果我是你，我也会这么做"，接着，又是站在对方的角度，抓住了对方要"盈利"的需求上，为对方算了一笔账，使得经理心甘情愿地倾向并接纳卡耐基的观点。

3. 运用"使人信"定式

美国心理学家杜威提出了说服他人的"使人信"的五步定式。第一步，直截了当告诉对方某处存在极其严重的问题或状况。第二步，帮助对方分析研究该严重问题或状况的原因。第三步，帮助对方搜集各种可能解决问题、扭转不良状况的办法。尽可能穷尽一切办法，并把自己准备提出的观点放在最后提出和介绍。第四步，帮助对方依次分析和斟酌这些可能的解决方法。第五步，最终使对方认可并接受其中最理想的解决方法，也就是最后的、你认为最正确的方法。以上五个步骤，在实际应用中可繁可简，但其精髓不可改变。

4. 引用名人名言

名人名言常常蕴含一定的哲理，具有一定的影响力和号召力。借助名人名言，可以提高说服力，达到事半功倍的效果。

5. 以理服人，以情动人

摆事实，讲道理，让对方赞同你的主张和观点。但有时以理性无法说服时，不如注入感情，以情打动对方来得更为容易，对方更容易接受。触龙说赵太后就是很好的例证。

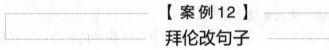

【案例12】 拜伦改句子

英国诗人拜伦在街上散步，看见一位盲人胸前挂着牌子，上面写着"自幼失明，沿街乞讨"。盘子里的钱寥寥无几。英国诗人拜伦见状，走上前去，在牌上加了一句"春天来了，我却看不到她"。人们纷纷向盘子里放钱。

6. 以事实为依据

在说服过程中，以事实为依据，用图表、图片和相关数据说话，使对方自己得出结论，这样做的说服效果要远远胜过用一般原则和大道理。

7. 借此言彼，巧妙暗示

忠言逆耳，但往往不受欢迎。优秀的说服者经常借用一些典故或生活中一目了然的道理，先与对方取得相同的立场，然后通过委婉的语言表达方式，把自己的观点和主张巧妙地传递给对方。这样可以避免正面冲突，旁敲侧击，在维护对方的自尊心的同时，达到说服的目的。

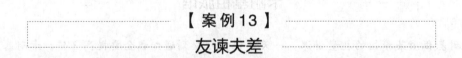

【案例13】 友谏夫差

战国时期，吴王夫差决心攻打齐国，朝中大臣多数反对，但他一意孤行，将直言进谏的伍子胥赐死，还下令"敢谏阻伐齐者死"。

这一天，夫差的儿子友来觐见。夫差见友瘸着腿，就问他是怎么弄的。友回答说："我早晨见一只大螳螂欲捕蝉，而一只黄雀在后正准备把这只螳螂作为美食。我用弹弓打黄雀，却不小心掉到了大坑中，摔瘸了腿。"夫差听完大笑友愚笨。友说："我只顾眼前利益，没有考虑身后的祸患，所以才愚成这个样子。可是天下还有比儿臣更愚笨的人呢！"

夫差问："是谁？"友说："那螳螂、黄雀只图眼前利益，忘却身后之忧，是贪而愚。

儿臣只顾打黄雀而坠入深坑,也是贪而愚的,但我失去的仅仅是一只黄雀。父王攻打齐国,失去的可是一个国家啊!父王只想称霸诸侯、扩大疆土,只想到征服齐国的利益而劳民伤财,疲师远伐,却忘了越王勾践会趁机来攻打我们。所以说,父王比儿臣更愚笨!父王不听大臣劝阻,还下了死令。儿臣说完了,请父王处置吧!"

夫差听了,觉得很有道理,不仅没有处罚太子友,还重新考虑伐齐之事。

8. 巧用冷热水效应

在说服他人时,为了不使他人拒绝,先给一盆"冷水",让其品品滋味,再端上一盆"温水",如此他就会欣然接受了,这就是"冷热水效应"。鲁迅先生说:"如果有人提议在房子的墙壁上开个窗口,势必会遭到众人的反对,窗口肯定开不成。可是如果提议把房顶扒掉,众人则会相应退让,同意开个窗口。"当提议"把房顶扒掉"时,对方心中的"秤砣"就变小了,对于"在墙壁上开个窗口"这个劝说目标,就会顺利答应了。

模拟训练

情景一　语言表达

某汽车 S 店招聘汽车维修技术员、销售人员各一名,应聘者很多,竞争激烈。假定你打算应聘,请你按应聘的岗位,分别从三个方面介绍自己的优势,力争受聘。

情景二　交谈

你的好友突然对你的态度发生了转变,又没有任何解释,你如何问什么这样?发生了什么事?

情境三　说服

现在你要和同事去出差,路途较远,你想坐飞机前往,但是同伴儿想坐火车,不同意坐飞机,因近期飞机事故频发,非常害怕坐飞机。你怎样说服他坐飞机?

感　悟

1. 通过本次活动,使我感悟最深的是＿＿＿＿＿＿＿＿＿＿＿＿＿＿＿＿＿＿＿
2. 我需要做如下改变＿＿＿＿＿＿＿＿＿＿＿＿＿＿＿＿＿＿＿＿＿＿＿＿＿
3. 我的近期目标是＿＿＿＿＿＿＿＿＿＿＿＿＿＿＿＿＿＿＿＿＿＿＿＿＿＿

模块五

书面语言沟通

知识目标：书面语言沟通的优点和缺点、书面沟通的原则。
能力目标：书面语言沟通的常用文体类型、书面文件的阅读技巧。

案例赏析

案例一　新的总经理助理

2006年3月某日，总经理给新来的总经理助理曹小姐布置了一个任务，要求她向各个部门下发岗位职责空白表格，并要求各个部门在当天下午两点之前上交总经办。总经理问曹小姐是否明白意思？她说完全明白，于是就去执行。

到了规定的时间，技术部没有按时上交。总经理问曹小姐：你向技术部怎么传达的？曹小姐说，完全按正确的意思传达的。总经理又问为什么技术部没上交？曹小姐说技术部就是没上交，不知道为什么。

总经理把曹小姐和技术部都召集到总经办会议室，问这个事情。技术部负责人回答说，当时他没有听到曹小姐传达关于上交时间的要求。而曹小姐说，自己确实传达了，为什么公司十二个部门中只有技术部没听清楚？技术部负责人说，确实没有听到。

到底是曹小姐没传达，还是技术部没听到？没有书面的东西，说不清楚。

讨论
怎样避免上述事情的发生。

启示
办公人员在传达文件的时候，一定要严格按照 ISO 9001：2000 的文件管理标准的要求，有传达的书面函件，该签字的要签字，该署名的要署名。否则，出现上述情况，既耽误了工作，又难以说清责任，同时还反映了管理水平的落后和管理方式的不足。

案例二　陈某的配件

2006年3月某日，某公司外派维修的售后服务工程师陈某电话要求工厂售后服务部门为其在安徽芜湖的维修现场发送配件一个，按规定要求，陈某应当书面传真具体的规格型号，然后服务部门再发货，以保证准确性。

结果陈某认为自己工作多年,经验丰富,声称要节省传真费用,且客户很急,要求电话口头报告型号。售后服务部相关人员鉴于这种情况,就相信了陈某,按陈某说的型号发去了配件。结果到现场后,型号错误,又要重发,造成出差费用、运输费用等的增加,更重要的是影响了客户生产。

事后处理此事,陈某一口咬定自己当初报告的就是第二次发的正确型号;而售后服务人员则坚持陈某当初报告的是第一次错误的型号。但是没有书面函件,该相信谁?最后因为双方都在明知公司规定的情况下,违反了书面沟通程序规定,造成了损失,都有责任,分别进行了处理。

讨论

这件事情的责任在谁?如何避免此类事件的发生?

启示

处理不是目的,目的是要保证正常执行到位。只有相关书面沟通函件的要求还不行,关键是执行中要严格落实。

从以上实例和分析可以看出:在企业经营管理实践中,书面沟通函件不但重要,而且必要,对企业来说,应当采纳执行并监督执行到位。

理论指导

所谓书面语言沟通,就是利用书面文字作为主要的表达方式,在人与人之间进行信息传递与思想交流。书面语言沟通在表达思想、传达信息、交流情感、布置任务、履行合约等各方面具有其他沟通方式所不能替代的重要功能。

虽然现代科技的发展为人们的沟通提供了更多的选择、更新的形式,然而,书面文字的沟通仍在工作中发挥着不可缺少、不能替代的作用,仍是沟通中非常必要的一种载体。

一、采用书面语言沟通的优点与缺点

(一)书面语言沟通的优点

概括起来,书面语言沟通的优点主要表现在以下几个方面。

1. 书面语言沟通可供阅读,可长期保留

一般情况下,信息的发送者与接收者通过书面文字了解信息,传递思想与情感。这些书面文字可以长期保存,如果对信息的内容有疑问,事后对信息的查找和核实也是完全可行的。由于书面语言沟通有据可查,因此在某种意义上还可以作为法律上的凭证和依据,如合同与协议书的条款一旦生效就具有法律效力。不仅如此,书面语言沟通还能够给读者提供更多的思考时间,使其仔细分析文字所含的意义,并且可圈可点。

2. 书面语言沟通讲究逻辑性和严密性,说理性更强

把所要表达的内容,说出来和写出来是大不一样的。一般而言,说出来要比写出来更为容易,因为说的时候不必对文字仔细推敲,也不必讲究语法和修辞,并且还可以伴随着大量的肢体语言和表情等。但要把口头表达的内容变成文字,就必须对其进行认真组织,既要讲究语言的运用,又要考虑修辞、逻辑及条理性;同时,书面文字在正式传播以前还要经过反复修改、补充、论证,以使意思表达更为清晰。

3. 书面语言沟通可以反复推敲、修改，直到满意为止

由于口头表达大多都是即时性的，不会给讲话人很多的时间思考、准备，讲话人一旦话说出口，则很难收回，尤其是当话语有损于对方时，即使重新表达自己的意思也无法消除之前造成的不良影响。而书面语言沟通则不同，人们在进行书面语言沟通时，时间一般是比较充裕的，可以对自己要表达的思想观点进行反复推敲、修改，这样不仅可以避免口头表达时个人情绪冲动产生的不利影响，还能够表达口头语言无法表达的内容和观点，如个人情感及内心感受等。也正因为如此，书面语言沟通才具有口头沟通不可替代的作用。

4. 书面语言沟通的内容易于复制，有利于大规模地传播

书面语言沟通可以将内容同时发送给许多人，给他们传递相同的信息。书面语言沟通的载体形式多种多样，包括报纸、杂志、书籍、信件、报告、电子邮件、传真、通知等，广泛的载体形式使得书面语可以不受时空的限制，从一个地方转到另一个地方；而且，只要载体上所印制或储存的文字及其他信息符号能够保存下来，内容就可以长期保存下来。

(二) 书面语言沟通的缺点

任何事物都是相对的，具有两面性。书面语言沟通既有优点，也有不足。书面语言沟通的缺点也是非常明显的。

1. 书面语言沟通耗费时间较长

同样的内容在相同的时间内，口头沟通传递的信息要比书面语言沟通传递的信息多得多，如花费一个小时写出的东西只需要15分钟就可以说完。形成这种情况的原因主要是因为口头沟通不需要花费过多的时间进行构思和修改，语言也比较简洁，出现一些不规范的话也并不影响接收者的理解；而书面语言沟通则需要花费大量时间和精力对文章结构和逻辑顺序进行构思和修改，并要做到语法规范、用词准确、语言流畅、条理清晰，可以说，有时花在构思和修改上的时间要比实际的沟通时间多得多。

2. 容易产生沟通的障碍

由于人们知识水平、社会经验及思想观念的差异，不同的人对相同信息的理解程度是不一样的，因此对于书面文字传递的信息，接收者有时不能真正理解传递者的本意，从而造成沟通障碍。此外，传递者在书写过程中使用有歧义的语言，或者词不达意，也会造成双方对信息理解的不同，产生沟通障碍。

3. 信息反馈速度较慢

口头沟通能够使接收者对其所听到的东西及时提出自己的看法，如果有不明白的地方可以及时提出疑问，反馈速度较快。而书面语言沟通缺乏这种内在的反馈机制，无法确保所发出的信息能被读者接收到，也无法确保接收者对信息的理解正好是发送者的本意。发送者往往要花费很长的时间来了解信息是否已经被接收并被正确地理解，反馈速度较慢，有时会造成时间拖延，甚至贻误时机。

4. 无法运用情景和非语言要素

口语表达往往是在一定的情景下进行的，双方通过互相观察，凭借某些非言语信息获得某种讲话者故意掩盖或逃避的信息。而书面表达却没有这种情景性，在口语表达中极容易理解的话语，在书面语言沟通中，则需要花费大量的笔墨交代背景，而对于有些"只可意会不可言传"的内容，即使传递者绞尽脑汁，恐怕也很难把它解释清楚。

掌握了以上书面语言沟通的特征，才能与他人进行书面语言沟通时有条不紊，少出错误，从而提高工作效率。

二、书面语言沟通应遵循的原则

采用书面语言沟通，需要遵循以下四个方面的原则。

(一) 内容正确

内容正确是书写的首要原则，也就是说，写出的文章材料要真实可靠，观点要正确无误，语言要恰如其分。尤其是对文章主旨的把握，在书写前一定要下一番工夫，明了书写的意图，正确地传递想要传达的信息，从而实现有效沟通。

(二) 语意表达清晰

在正确表达的基础上，应该力求条理清晰，条理清晰的文章能引起读者的兴趣，更能使读者正确领会作者的意思。要做到条理清晰，除了选用适宜文章的样式外，还应注意文章的整体布置，包括标题、大小写、字体、页边距等，尤其是要留下适当的空白，若是把所有的文字都挤在一起，则很难阅读；如果是手写的，则不能潦草，因为这不仅影响阅读速度，还影响读者对文章的理解。

(三) 句子完整

书写的最大优势是能使作者有足够的时间思考问题，完整地表达思想、观点，完整地描述事实。句子完整是书写的一个原则。在打电话或当面交流时，常常会遗漏很多想要交流的事项，这是由这些沟通方式的特点决定的。在书写时，为了完整地表达思想，作者应该反复检查思考，不断填补重要的事项。

(四) 语言简洁

"简洁"似乎与"完整"是一对矛盾，这其实是一个度的把握问题。"完整"是为了表达想要沟通的重要方面，但并不意味着要把所有的事实、观点罗列在纸上，可以通过排序的方法，把不太重要的事项删除，也可以把琐碎的、没有太大价值的文字精减掉，使得文章言简意赅。

三、书面语言沟通的常用文体类型

任何形式的书面语言沟通都要通过一定的文体表现出来，比较常用的书面文体大致可以分为以下 6 类。

(一) 计划类文书

计划类文书主要包括工作计划、战略规划、工作方案、工作安排等。计划类文书沟通的问题往往与企业或组织的重大决策、战略规划等有关。

【案例1】

××市××年春季全民义务植树造林工作计划

根据全国五届人大第四次会议通过的《关于开展全民义务植树运动的决议》，希望我市广大人民群众积极响应党和政府的号召，人人争当义务植树的突击手，人人为绿化祖国贡献力量。为此，我市今年春季植树造林要做好以下几项工作。

一、任务与要求

(一) 全市今年春季计划造林面积××亩，植树×株。要求每人平均 3~5 株，并保证成活。春季植树造林要在植树节前基本完成。

（二）为保证以市政府为领导，以各区为单位，以全民义务植树造林指挥部为指导的群众性的植树造林活动顺利开展，市政府要求：

1. 各机关、团体的领导要带头，并指定专人负责此项工作。
2. 充分发动群众，严密组织，并采取分片包干的办法。
3. 要因地制宜，根据气候、土壤等不同条件，栽植不同品种的树。
4. 各苗圃要及时做好挖苗备运工作。
5. 加强各项工作的检查，2月中旬由植树造林指挥部做一次全面检查验收。

二、措施

（一）2月下旬召开一次全市植树造林工作会议，参加人员为本市机关、团体、学校、工厂的有关负责人及政府区以上的主要负责人等。重点研究植树造林的各项准备工作，采取必要的措施予以落实。

（二）各部门、各单位要加强对今年春季植树造林的领导工作，认真解决存在的问题并拿出具体实施方案。

（三）抽调××名干部到植树造林第一线做具体技术指导工作。

（四）力争植树节前完成今年春季植树造林工作。

××省××市政府
××年×月×日

（二）报告类文书

报告类文书的书写，首先要确定调查的对象，采用多种调查方法收集资料，然后把收集来的资料进行分析研究，选出具有代表性、典型性的材料作为论据，说明、宣传典型的经验与事迹，指出存在的问题与不足，提出改进的措施与方法，如调查报告、经济活动分析报告、可行性研究报告、纳税查账报告、述职报告等都属于报告类文书。

其中调查报告是对某一问题或某一事件调查研究后，将所得的材料和结论加以整理而写成的书面报告形式的一种公文文种。调查研究是调查报告的写作基础，调查报告则是调查结果的书面形式。调查报告是认识客观事物的手段，又是解决实际问题的起点，还是制定方针政策的依据。

【案例2】
关于当代青年消费问题的调查报告

中国青少年研究中心联合北京、上海、广州、山东、辽宁、黑龙江等6个省市青少年研究所和广西壮族自治区团校，最近在全国9个省、市、自治区对青年人的消费观念、消费现状与趋势、消费结构进行了大规模调查。

一、青年消费观念变化

如今青年人的消费观念正发生变化，以往视"粗茶淡饭"、"勤俭持家"为美德的观念淡化了。许多青年注重："吃要讲营养，穿要讲式样，玩要讲多样，用要讲高档"。因此，在调查中问及青年对这个"四讲"问题怎样评价？来自青年的反馈是：认为"符合现代生活方式"的占42.5%，认为"不合中国国情"的占21.3%，认为"助长好逸恶劳"的占7.2%，认为"容易引入高消费误区"的占23.9%，回答"说不清"的占5.1%。这表明当今相当多青年的消费观念已经发生变化,有42.5%的人向往"四讲"的生活方式,但对"四讲"的生活方式持怀疑和否定态度的人数也多达52.4%。

二、消费现状与趋势

……

三、消费结构失衡

……

（三）行政公文

行政公文指的是国家机关、企事业团体在公务活动中所使用的各种应用事务性文书形式。依据2000年8月24日国务院发布的《国家行政机关公文处理办法》的规定,行政公文可以分为13类,即命令、决定、公告、通告、通知、通报、议案、报告、请示、批复、函、意见、会议纪要。

【案例3】

关于××地区电话号码启用八位制的通告

为适应社会发展的需要,经邮电部批准,××地区的电话号码定于××××年6月8日北京时间零时起启用八位制,即由现在的7位数升为8位数。升位方法是：原"8"字头的电话号码首位后加"1",原"2"至"7"字头的电话号码在首位前加"8"。如原号码为8883088的电话,升位后的号码为81883088；原号码为3123456的电话,升位后的号码为83123456。

在电话号码升位过程中,凡有电话小交换机（即小总机）和经营自动寻呼及声讯台的单位,应积极配合市电信部门做好有关试验工作。

电话号码升位后,使用电话请按八位制号码拨号。

××市人民政府
××××年一月二十二日

（四）新闻性文书

新闻性文书指具有公开宣传与传播功能的,借助报纸、杂志、书籍等载体向大众进行报道,具有新奇性、推广性、借鉴性等特点的书面文书形式。主要有新闻、通信、消息、广告文案等。

（五）法律性文书

法律性文书是指组织在管理过程中,根据一定的约定,达成某种协议,共同遵守协议的条款；如果违约,违约一方将给对方一定的经济补偿的具有法律效益的书面文书形式。法律性文书包括合同书、协议书、诉讼书、招标书、投标书等。

【案例4】

订货合同

立合同单位：××研究所（简称甲方）
　　　　　　××家具厂（简称乙方）

为了发展生产,满足群众需要,经双方充分协商,特签定本合同,以便共同遵守。

一、甲方向乙方订书橱××只,单价××元;书桌××只,单价××元。总计金额××元。乙方在2014年10月1日前交货。

二、产品先由乙方做实样,经甲方同意后照原样施工。

三、所有原材料由甲方供应,乙方在甲方现场施工。

四、甲方按图纸实样验收产品,合格后结算费用,由甲方汇入乙方开户银行。

五、本合同一式四份,甲、乙方各执一份,另二份各自送上级有关部门存查。

六、本合同自签字之日起生效,有效期从2014年1月1日起至2014年10月1日止,任何一方不得任意毁约,否则应承担对方经济损失。

甲方:××研究所(章)　　　　　　　　乙方:××家具厂(章)

代表:×××(章)　　　　　　　　　　代表:×××(章)

日期:　　　　　　　　　　　　　　　日期:

(六) 日常事务类文书

日常事务类文书是领导者在处理日常活动过程中经常采用的一种书面语言沟通形式,主要包括信函类和条据类。信函类文书包括感谢信、慰问信、求职信、介绍信、证明信、请柬、邀请函等。条据类文书包括请假条、留言条、收条、票据等。日常事务类文书形式固定,书写简单,陈述的事件单一,是人们表达情感和进行沟通的常用文体。

【案例5】
二○一三年教师节慰问信

尊敬的全院教职员工:

秋菊溢彩日,桃李芬芳时。我们满怀丰收的激情和喜悦,迎来了第29个教师节。在此佳节来临之际,学院党委和行政领导班子向在各工作岗位上辛勤耕耘的全院教职员工致以节日的祝福和亲切的慰问!向长期关心、支持学院发展的各级领导、老教师和社会各界人士表示衷心的感谢并致以崇高的敬意!

过去的一年是我院全体干部职工上下同心、奋勇拼搏、取得一系列硕果的一年。在这一年我们确立了"加快科学发展、创建一流学院"的主要发展目标,确立了"一切为了学生,为了学生一切"的工作主线,确立了"综合素质高、专业技能强、人人有特长"的学生培养目标,确定了"科学、民主、依法"的管理理念,确立了学生管理"安全、秩序、文明、乐学"的管理目标,确立了"增收节支、规范管理"的行政后勤管理目标,确立了"强化医学基础,强化技能训练,强化专业教学"的教改新理念,确立了"文化育人、环境育人"的生态管理新理念。

……

老师们,新学年,新任务,新目标,新要求。党的十八大报告中明确指出要努力办好人民满意的教育,强调教育是中华民族振兴和社会进步的基石。提出了坚持教育优先发展,坚持教育为社会主义现代化服务的根本任务和加强教师队伍建设,提高师德水平和业务能力,增强教师教书育人的荣誉感和责任感的根本要求。我们要始终牢记肩负的神圣职责和光荣使命,以党的十八大精神为指引,全面贯彻党的教育方针,深入开展党的群众路线实践活动。要努力弘扬师范、锤炼师能、讲究师表、遵守师纪,当好知识的传递者,道德的引导者,思想的启迪者，心灵世界的开拓者，理想信念的塑造者，劳动技能的培养者。以高尚的职业道德，精湛的教育教学艺术，卓有成效的工作业绩，为学院的发展做出应有的努力！

最后，祝全院广大教师、行政工勤人员和全体离退休教师节日快乐、身体健康、家庭幸福，万事如意！

二〇一三年九月十日

四、书面语言沟通的技巧

（一）使用主动语态

为了使文章更有说服力，要使用主动语态的动词，而不要用被动语态，就如同演员与剧本的关系一样。

主动语态的句子总是将"演员"推向前台，如下几例：

被动语态	主动语态
那是在会议上被决定的	会议决定……
调查由我们来执行	我们调查……
我们的战略被制订	我们制订战略
那是诚挚的抱歉	我抱歉
你的思想被欣赏	我们欣赏你的思想
它被约定……	我们约定……

（二）选择具有强烈动感的动词

文章的力量在于动词的运用。强烈的动词是指具有明确的动作倾向的词，而和缓的动词通常由系动词构成。

强烈的动词会在人们心中形成一幅图画，它们会增加文章的权威性和说服力。比较下面几组句子的对比效果：

弱	强
我们想要去参观	我们一定要去参观
我是想支持……	我坚决支持
我们能够劝说	我劝告
我将给你送去	我传真给你
我将去那儿并且	我开车去那儿并且
我们将与你联系	我们打电话给你

使用大量强烈的、特别明确的动词，能构成一幅心理图画。

（三）使用短句，减少复杂句型

许多人把辞藻的堆积等同于文章的重要性，他们在文章中填充大量华丽的短语和词汇，使用复杂的句子结构，进行过多的重复和修饰，其实这些并不能使文章易于阅读和理解。

长句令人厌烦，短句有助于将思想分类，使每一要点清晰，也便于读者比较容易地把握文章的主题。短句不会使文章过分简单化，反而会使读者容易阅读和理解，它们会增添备忘录、信件或报告的可行性。

减少句子的复杂结构可以使文章更容易看懂，使读者抓住作者的思想，使文章更有效果。

（四）去掉不必要的短语

在公文中，时常混有许多不必要的短语，这些多余的词汇花费读者很多的精力，既增加了句子的长度又增添了阅读的困难。去掉过多的重复很有必要。重复是不必要的反复，没有附加任何新的信息。

应该去掉这类的词汇："因为"、"因此"、"不论如何"、"所以"，用句号把句子分开，使每个句子相对独立。

五、书面沟通中的书写要求

（一）文字书写要规范、清楚、工整

文字是表情达意的符号。文字的书写既关系到文章内容的表达，又是书写技巧的核心内容。文字的书写要做到规范、清楚、工整。

所谓规范，就是不能写错别字，不生造滥用不符合规范的简化字。清楚是指笔画分明，结构准确。工整是指文字的结构要匀称，各构成部分之间的比例要得当。

（二）正确使用标点符号

雨天留客天留我不留。

（三）行款格式符合要求

不同的问题或内容往往有其规定或约定俗成的书写格式，这种书写格式被称为行款格式。

（四）使用统一的修改符号

学会正确使用目前通用的修改符号。文章难免要修改，修改就要使用统一的修改符号。如果没有统一的修改符号，就会影响文面的整洁以及行文的连贯与顺畅。

六、书面文件的阅读技巧

（一）材料分类

材料按照重要程度分为3类。

第一类属于重要的资料，不去阅读，很多工作就无法进行。

第二类属于有用的资料，例如，一些相关背景资料信息，这些信息对于深入了解重要的资料是有用的，但并不很着急，可以在有时间的时候阅读。

第三类基本属于无用或无关的信息，这些信息可能是误传给阅读者的，或者虽然有用但已经为阅读者所掌握，这类资料可以弃之不读。

这种分类方法不仅适合于不同的资料的分类，而且也适合于同一资料的各个不同部分。

（二）采用不同的阅读方法

有些人喜欢在所有阶段都采取相同的速度和方法阅读所有的材料，殊不知这样做既浪费时间，效果也不好。正确的做法是根据材料的不同和阅读的不同阶段采取不同的阅读方法。

根据阅读速度的不同，可以把常见的阅读方法分为浏览、快速阅读和精读3种。

1. 浏览

所谓浏览是指在正式阅读之前，通过快速阅读章节目录、标题、重点段落、重点词汇等方式概要地了解全文的内容，以评价这份资料的价值，确定应当何时阅读该材料和阅读时需要花费的精力。

浏览是这样一个过程：虽然读者的眼睛扫过整个版面，但却什么也没有读，只是在寻找与自己的目标相关的关键词汇和线索，而略去其他内容。

通过浏览，阅读者可以确定资料的主题、内容结构和阅读价值。浏览在阅读中有两个重要的功能：一是对资料进行评估，即通过寻找关键词和段落的形式对资料的内容、质量进行

评估；二是了解文章结构。

2. 快速阅读

是指在阅读过程中，只阅读核心词汇和段落。忽略细节、解释和重复内容的一种阅读方法。

快速阅读通常有两种用途。

一种是在时间紧迫的情况下帮助阅读者迅速了解资料的中心思想；另一种是在精读之前了解资料的大概内容和结构。

快速阅读的核心是正确判断哪些内容可以一扫而过，哪些内容需要仔细阅读。经过一定训练之后，做到这一点并不很难，例如，在叙事、说明和推理一类的资料中，多数段落都只涉及一个中心意思，而这一意思往往通过一个主题句表达出来。

主题句的位置是有规律可循的。

① 第一句：这是很常见的一种形式。

② 结尾句：这也是很常见的一种形式。

③ 第二句：有时，作者用第一句来衔接上面一段或作为过渡介绍，这时主题句就可能出现在第二句。

④ 中间句：有时，对于复杂的内容，作者首先通过一些比较容易理解的事例进行说明，然后得出中心意思，接着再进行深入的分析、介绍。这时，中心句就可能出现在段落的中间位置。

在快速阅读过程中，阅读者还可以利用各种视觉和语言标志。

所谓视觉标志是指各种特殊的文字形式，如下划线、黑体字、斜体字、重点标记（符号下面的黑点）、大一号的字体等，这些标志的意思是提醒读者要重点阅读。

所谓语言标志是指反映语句间关系的一些词汇。语言标志主要可以分为三类。

第一类是减速标志词汇，如"但是""然而""另一方面""反过来"，这些词语提示下面的内容将与上面有所不同，因此要减速重点阅读。

第二类是继续标志词汇，如"进一步说""此外""还有""同样地"等，这些词汇提示下面的内容与上面大同小异，可以加速阅读甚至完全略过。

第三类是引导标志词汇，如"所以""因此""最后""那么""总之"，这类词汇提示下文将给出归纳总结或结论，需要重点阅读。

3. 精读

顾名思义，就是仔细地阅读，要逐字逐句阅读每一句话。精读的内容一般是阅读者不了解而又非常重要的。

在精读之前，阅读者首先必须经过浏览或快速阅读，对资料的重要性经过评估并了解基本结构。

（三）SQ3R 阅读法

这是一种比较系统的精读阅读方法，有 5 个步骤。

1. 概览（Skim）

概览的主要目的是获得阅读材料的基本信息，包括中心思想、内容结构等。通常从阅读目录或资料简介开始，目录、摘要、前言、结尾都是概览的重要部分。概览的主要阅读方法是快速阅读。

2. 提问(Question)

提问是正式阅读前的一个重要步骤。为了进行有目的的阅读,阅读者在概览之后要确定阅读中必须解决或回答的若干重要问题,这是提高阅读效率的一个重要方法。

例如,以下问题是大多数情况下阅读者都要在心中提出的问题。

① 这是一份有关什么内容、主题、观点的资料?
② 资料的导言部分与资料正文之间是否存在不一致的地方?
③ 资料的结论和证据、论述之间是否存在很强的关联关系,是否有牵强附会的感觉?
④ 作者是否真正支持资料中的观点?资料中的观点与其他资料有什么不同?
⑤ 资料的数据基础是否可靠?
⑥ 资料是否有直接影响某些人特别是阅读者的目的?

3. 阅读(Read)

在阅读阶段,阅读者要在概览所得出的基本结论,以及之后提出的若干问题的基础上仔细、全面的阅读,确认和评估每一部分的主要观点,分析不同部分之间的逻辑关系。

需要注意的是在这一阶段尽量不要做笔记,因为这样会打断思路。

对于阅读中遇到的难题,尽量不要停下来,而是先将它暂时放下,继续读后面的内容,因为后面的内容可能会帮助理解前面不理解的地方。

如果阅读的内容很复杂,可以考虑再读一遍,不过第二遍的速度要快一点,当然,那些重点的部分可以放慢一些。

4. 回忆(Recall)

在回忆阶段,阅读者要凭借自己的记忆将资料中的主要观点和支持性细节记录下来。

事实上,大多数阅读者无法做到这一点。其实有效的阅读者必须是善于将资料内容转化为自己思想的人。如果做不到这一点,就必须反复阅读直至最终能够回忆出资料的主要内容。要具备这种能力可能需要经过长时间的训练。

5. 回顾(Review)

回顾的目的是检查自己在回忆阶段有没有遗漏重要的关键点,是否已经找到了阅读前提出的所有问题的答案。回顾的过程就是将前面的概览、提问、阅读和回忆四个阶段全面重复一遍。

模拟训练

情境一

由于不同体裁的文章所表现的对象、内容和写作目的不一样,采用的表达方式也不同。普通写作理论概括出的语言表达方式有五种:叙述、说明、议论、抒情和描写。由于应用写作有很强的实用功利目的,没有太大的抒情和描写空间。所以,应用写作最常用的表达方式是叙述、说明和议论,一般不使用抒情和描写。

1. 叙述

是应用写作中最常用的表达方式。主要用来介绍事件的基本情况;介绍事件发生、发展与变化的过程;介绍人物的经历和事迹;介绍问题的来龙去脉,说明原委等。

在写作中,要注意叙述要素的全面和叙述人称的选择。叙述要客观、完整、线索清楚;

采用顺序的方式，概括陈述；叙述人称使用第一人称和第三人称。

2. 说明

应用写作中，说明往往与叙述和议论关系密切，常常在陈述或议论过程中出现，主要用来解说清楚事物的形态、构造、性质、特征、成因、关系、功用，表述明白人物的经历、特点等。说明在应用文中应遵守科学性、准确性，文字通俗易懂，朴实无华。

3. 议论

在应用写作中，议论应用的相当普遍。经常在叙述、说明的基础上，表明对人物、事件、问题的评价，以便更鲜明、正确地表达观点。在应用写作中，一般不做长篇大论，不必三要素齐全、论证过程完整，往往点到为止，不做深入论证；或叙述事实后便下结论，或提出观点后即举例证明，一般无需周详的论证推理过程。

任何一种表达方式，都是为表现文章主旨服务的，这些表达方式常常不是单独运用，更多的时候是相互配合、综合运用的，只是有主有次而已。应尽力娴熟地掌握这些表达方式，从而实现准确表达文义、突出主旨的目的。

练习：写一个学期总结的开头。（先讨论，后落笔；注意语言风格）

情境二

下面是发掘杭州雷峰塔地宫的一段报道。

上午9点整，考古队进入现场开始发掘。打开地宫并不容易，直到9时45分，考古人员才将压在地宫洞口的750公斤的巨石移开，露出93厘米长宽、13厘米厚的大理石盖板。盖板上没有任何文字，但考古人员在紫红色的泥土中发现了10枚唐开元通宝铜钱。10时5分盖板基本清理完毕。10时30分盖板绘图完毕。11时整盖板还没有打开，发掘现场发现越来越多的钱币。11时11分，最激动人心的时候到了，考古人员开始用撬杠撬开盖板。11时18分，考古人员翻开大理石盖板，地宫口终于打开了！

请将关于地宫打开过程的文字改为概括叙述。不必交代具体时间，不超过40个字。

感　悟

1. 通过本次活动，使我感悟最深的是＿＿＿＿＿＿＿＿＿＿＿＿＿＿＿＿
2. 我需要做如下改变＿＿＿＿＿＿＿＿＿＿＿＿＿＿＿＿＿＿＿＿＿＿＿
3. 我的近期目标是＿＿＿＿＿＿＿＿＿＿＿＿＿＿＿＿＿＿＿＿＿＿＿＿

模块六

非语言沟通

知识目标：懂得非语言沟通的含义，理解非语言沟通的重要性、原则及要求。

能力目标：通过让学生广泛参与教学活动的情节设计，培养学生观察问题、分析问题的能力以及非语言沟通能力。在本模块中让学生学会评估自己的非语言沟通效果，并能运用一定沟通技巧做到有效沟通。

案例赏析

案例一　《三国演义》中一个脍炙人口的故事——"空城计"

讲的是："武侯弹琴退仲达"。三国时，蜀国丞相诸葛亮错用马谡，失去街亭后，只有2500军士驻守在西城县。忽然，哨兵飞马来报：司马懿引大军15万，往西城蜂拥而来！"这时，诸葛亮身边无一员大将，只有一班文官。众官员听得这个消息，个个大惊失色。诸葛亮登上城头，果然尘土冲天，魏军分路往西城县杀来。诸葛亮当即传令道：将旌旗全部隐藏起来，军士们各守卫在城上巡哨的岗棚，如有随便出入城门及高声讲话的，杀！大开四个城门，每个城门用20个军兵，扮作百姓，打扫街道。魏兵到时，不可乱动，我自有计谋对付。"传令下去后，诸葛亮披鹤氅，戴纶巾，引两个少年携带一张琴，来到城头上，凭栏而坐，焚香操琴演奏。魏兵的前哨急忙将这个情况报告司马懿。司马懿立刻命令军队停止前进，自己飞马向前观望。果然见诸葛亮在城楼上，笑容可掬，焚香弹琴，左面一个少年，手捧宝剑，右面也有一个少年，手执麈尾。城门内外，仅有二十余名百姓，低头打扫，旁若无人。司马懿看后怀疑城中有重兵，连忙指挥部队撤退。他的儿子司马昭说："莫非诸葛亮没有多少兵力，故意这样的？父亲为什么要退兵呢？"司马懿板着脸说："诸葛亮平时一向十分谨慎，从不冒险。今天大开城门，必定有重兵埋伏。我们若是冲进去，一定中计。你们懂得什么？还不快退！"

讨论

1. 为什么诸葛亮未说一句话就吓退了司马懿15万大军，而转危为安？
2. 诸葛亮吓退敌军的原因主要有哪些？
3. 从这个案例中你能联想到非语言沟通在哪些方面对工作生活的重要性？

案例二　愤然离去的员工

小王是新上任的经理助理，平时工作主动积极，且效率高，很受上司的器重。一天早晨小王刚上班,电话铃就响了。为了抓紧时间,她边接电话,边整理有关文件。这时,有位姓李的员工来找小王。他看见小王正忙着,就站在桌前等着。只见小王一个电话接着一个电话。最后,他终于等到可以与她说话了。小王头也不抬地问他有什么事,并且一脸的严肃。当李姓员工正要回答时,小王又突然想到什么事,与同室的小张交代了几句……这时的老李已是忍无可忍了,他发怒道:难道你们这些领导就是这样对待下属的吗?说完,他愤然离去……

讨论

1. 这一案例的问题主要出在谁的身上?为什么?
2. 假如你是小王,你会怎样做?
3. 从这个案例中,可以看出非语言沟通的重要性包含哪些方面?

理论指导

非语言沟通是处理人际关系中的一种重要方式,它通常是建立在面对面的口头传递形式中,是一种重要的辅助性工具。美国口语学者雷蒙德·罗斯认为,在人际沟通中,人们所得到的信息总量,只有35%是语言符号传播的,而其余65%的信息是非语言符号传达的,其中面部表情可传递65%中的55%的信息。

一、非语言沟通的概念

非语言沟通指的是不以自然语言(如汉语、英语、德语等)为载体进行信息传递,而是以一个人的表情、手势、眼神、穿着、姿势及与他人的空间距离为载体进行的信息传递,是人际沟通的重要方式之一,也是无声语言沟通的一种形式。

二、非语言沟通的重要性

非语言符号在沟通过程中有着非常重要的地位,它可以用来进行交流情感、沟通思想、传递信息,在特定的场合,非语言符号都可以起到特定的作用。

三、非语言沟通的特点

非语言行为在信息沟通中不但起到了支持、修饰或否定语言行为的作用,而且在某些情况下,还可以直接替代语言行为,甚至反映出语言行为难以表达的思想情感。非语言沟通作为人际沟通的一种基本手段,是有规律可循的。在信息沟通的互动过程中,非语言沟通主要表现为以下特点。

1. 沟通性

在一个互动环境中,非语言符号总是自觉不自觉地传递着信息。参与沟通的双方,他们的穿着打扮、服饰颜色、使用器物,他们的站、走、坐、行,他们脸上所呈现出的表情、他们的手势、他们所选择的空间距离等无不透露着行为者的诸多信息。

例如,初次见面的双方在谈话时,如果一方用手抹嘴巴或用手掌掩嘴,就表示他已向对方传递出"不想再跟你谈"的信号。总之,在一个互动的过程中,有意识的语言在表达信息,有意识或无意识的非语言符号也无时无刻不在表达着特定的信息。

2. 情境性

与语言沟通一样,非语言沟通也与特定的文化背景和语言环境相联系。相同的非语言符合在不同的社会环境中、文化背景下，会有不同的意义。如在中国，手心朝下打手势，是叫人过来的意思；在欧美，则恰好相反，是再见的意思。再如食指和拇指围成一个圆圈、其他三只伸开在中国表示 OK 的意思；在美国，则表示"同意、顺利、很好"的意思；在法国则表示"零"或"毫无价值"；在日本表示"钱"；在葡萄牙则是侮辱人的手势，粗俗、下流。

即使在相同的文化背景下，相同的非语言符号，在不同的情境下，也有不同的意义。如果与一定的情境分离，就很难说明非语言符号的意义。

3. 组合性

非语言沟通通常以组合的方式出现。在沟通过程中，人们可以同时使用身体的各种器官来传情达意，因而在空间形态上具有整体性的特点。如一个人很高兴的时候，一般会展现笑容，这时，他的目光柔和发亮、眼角肌肉牵动；眉头自然舒展，眉心微微向上扬起；嘴角往上牵动。

同样，一个人很愤怒的时候，他的面部表情、手部肌肉也会同时发生变化。这表明，人们的情绪不是由某一个身体部位就能表达的，需要不同部位协同作用，若使身体不同部位表达各不相同或矛盾的情绪，非常困难。

4. 无意识性

例如，与自己不喜欢的人站在一起时，保持的距离比与自己喜欢的人要远些；有心事，不自觉地就给人忧心忡忡的感觉。

正如弗洛伊德所说，没有人可以隐藏秘密，假如他的嘴唇不说话，则他会用指尖说话。一个人的非语言行为更多的是一种对外界刺激的直接反应，基本都是无意识的反应。

四、非语言沟通分类

（一）副语言沟通

副语言是指有声但没有具体意义的辅助语言，包括说话者的音质、音调、语速以及停顿和叹词的应用。副语言虽然有声音，但因为本身没有具体的语义，所以不能称为语言。然而副语言沟通却能传递出非常丰富的信息，在某些场合甚至胜似语言。

比如说"佩服"，如果用正常语调说那是赞赏；如果把"佩"字起点特别高，中间拉得很长很长，而终点又特别低，那就有讽刺之意了。又比如，广播球赛时，尽管看不见播音员的面容和动作，有时也听不清他所说的内容，但却可以从他的尖锐、短促、乃至声嘶力竭的语调中感觉到赛场中兴奋或紧张的情景；而从他的低沉、叹息声中感觉出惋惜之情。

（二）环境语言沟通

环境语言沟通是指人们自身因素之外的环境因素传递信息的过程。

1. 时间环境

所谓时间环境是指我们对时间如何使用和组织、个人对时间的反应以及时间所传达的信息。

沟通时间的确定，能够反映出沟通主体对沟通事项以及沟通客体的微妙态度；能够流露出沟通主体对于沟通的重视程度及对即将达到的结果的预期和希望；沟通是否准时，也能够反映出沟通主体的个人素养。

2. 空间距离

空间距离是非常重要的环境沟通语言，不同的空间距离能够表达不同的意义和情感，甚至能够反映出不同的信仰、文化背景。

（1）内涵　空间距离可以表达领地意识；可以反映亲疏程度；可以代表身份和地位；可以反映个性和文化。

（2）分类　美国霍尔教授经过研究发现，人在交际中有四种空间距离，分别是亲密距离、私人距离、社交距离和公众距离。

① 私人距离。这是一个更有分寸感的交往空间，也可分为近位距离和远位距离。近位距离范围大约在46～76cm，在这一距离内，稍一伸手就可触及对方，双方可以亲切握手，在酒会的交际中比较常见。远位距离范围大约在76～122cm，在这一距离内，双方都把手伸直，才有可能相互触摸到，亲密朋友、熟人都可以按这个距离交往。

② 亲密距离。亲密距离是恋人之间、父母子女之间、夫妻之间以及亲戚朋友之间的交往距离。它又可分近位距离和远位距离两种。近位距离范围一般是0～15cm，在这个空间里，人可以彼此肌肤相触，能够直接感受到对方的体温和气息。远位距离范围一般是15～46cm，这是一个可以肩并肩、手挽手的距离，在这个空间里，人们可以谈论私情，说悄悄话。

③ 公众距离。公众距离是人际交往中最大的距离，它也有近位距离和远位距离。近位距离是指在4m之外，通常适用于一些小型活动中讲话人与听众之间的距离，如教师讲课与学生听课之间的距离。远位距离是指在8m之外，通常适用于大型报告会、听证会、文艺演出时报告人、演讲者、演员与听众和观众之间的距离，这样可以增强权威感和安全感。

④ 社交距离。社交距离是一种社交性的，较正式的人际关系交往距离，也可分为近位距离和远位距离。近位距离范围在1.22～2.13m，多用于在工作中，领导对下属谈话、布置工作、听取汇报等。在一般的社会聚会上，陌生人之间、客户之间商谈事务时也采取这一距离。远位距离范围在2.13～4m，多用于正式社交场合、商业活动和国事活动等场合。采用这一距离体现了交往的正式性和庄重性。

3. 物理环境

【案例1】
办公室环境视觉含义

刘小姐与王小姐在同一家公司任秘书职务，但她们布置的办公室却有着不同的风格。

刘小姐办公室中摆放了不少绿色植物盆景，墙上贴满了明信片，桌上摆了好多小说、织物装饰品。而王小姐的办公室却是这样布置的：墙上贴着工作进展统计表，上面列有各时期生产产品名称，桌上放着接待安排日程表、电话、打字机，几本公司顾客姓名住址的目录。其他小物件均放在抽屉里。

一年后，公司要从她们中升任一个，你认为是谁升职？为什么？

环境不仅影响人的心情，还能够影响沟通的效率和效果，它能够传达出非常重要的信息。在管理沟通中，环境设置主要包括场所的设计、座位的设置和朝向的设置。

（1）座位设置　人们在社交场合时对座位座次的安排也是有讲究的，如在古代，室内的座次最尊的位置是坐西面东，其次是坐北面南，再次是坐南面北，最卑坐东面西；而在现代是左边的位置比右边的位置更具有控制力。

(2) 场所设计　场所的设计包括房间格局、房间色彩搭配、房间陈设等。

(3) 朝向设置　交流双方的位置朝向也能传递一定的信息，常见的朝向设置有以下几种。

① 面对面。面对面朝向常见于商务沟通、协商问题、讨论合作或者争吵的场合。表示希望得到全面充分沟通的愿望，同时也显示了沟通双方亲密、严肃或敌对的关系。

② 背对背。背对背朝向表示双方没有沟通的意愿或是非常亲密的人背靠背地聊天。

③ 肩并肩。肩并肩朝向常见于非正式沟通场合。表示双方非常亲密，是非常不正式的交流。

（三）身体语言沟通

身体语言沟通是指人们在沟通过程中，通过动态无声的目光、表情、手势语言等身体运动，或者是静态无声的身体姿势、空间距离及衣着打扮等形式来实现沟通。如发型、服饰、手势、头部动作、四肢动作等。身体语言主要有先天性身体特征，如身高、肤色和后天训练或培养形成的特征，如发型、服饰、化妆、头部动作、身体动作、身体姿态等。

身体语言沟通主要的分类有：形象语言沟通、肢体语言沟通、面部表情语言沟通。

1. 形象语言沟通

发型：成语"改头换面"是指改变人的面目。比喻在外表上、形式上作一些更改、变动；而保留原来的内容实质。我们从这个成语中可以看出形象设计要从头开始，发型变了，形象标识也就改变了。

人们对于头发的第一印象，首先从发质开始，要求发质要干净、健康、美观。其次，发型上也要符合自身的发质、脸型、年龄、职业、身材以及当时的时尚等因素，要尽可能做到大方、自然、美观。

① 从发质上来讲，硬而直的头发易修剪整齐，避免花样复杂；细而软的头发易整理成型，适合波浪形发型。

② 从脸型上来讲，方形脸和长形脸均可用刘海儿遮额，但方形脸要两边遮颊，而长形脸要两边蓬松外翻；圆形脸可高梳额前头发，用两边遮住两颊；三角形脸也可刘海儿遮颊，但要使双耳之上头发偏厚，双耳之下头发偏薄；倒三角形脸可露出前额，但要使双耳之下头发偏厚，以不对称式发式为好。

③ 从年龄上来讲，老年人宜选择庄重、朴实大方的发型；中年人宜选择整洁简单、线条柔和的发型；青年人则长、中、短发均可；而少年则以自然美为主，不宜烫发。

④ 从个头上来讲，高瘦型人宜梳长发、直发或大波浪卷发；高大型人宜梳短直发、大波浪卷或盘发；矮小型人宜超短式发、盘发；矮胖型人宜运动式发、盘发等。

2. 服饰

服饰是装饰人体的物品总称。包括服装、鞋、帽、袜子、手套、围巾、领带、提包、阳伞、发饰等。服饰是人类文明的标志，又是人类生活的要素。它除了满足人们物质生活需要外，还代表着一种文化。它是一个人向外界传达信息的重要媒介，反映了一个人的喜好、审美和对生活的品位、理解。

(1) 国际通行的TPO服饰三原则　T（Time）表示时间，即穿着要应时。时间既指每一天的早、中、晚三个时间段，也包括每年春夏秋冬的季节更替，以及人生的不同年龄阶段。时间原则要求着装考虑时间因素，做到随时间的变化更换衣服的搭配。尽量避免穿着与流行趋势格格不入的服装。

P (Place) 表示场合,即穿着要应地。地点原则代表地方、场所、位置不同,着装应有所区别,特定的环境应配以与之相适应、相协调的服饰。

O (Object) 表示着装者着装目的,即穿着要应己。不同的目的有不同的服饰要求,只有与特定目的相一致、相融合的服饰,才能产生最佳效应。

从礼仪的角度看,着装不能简单地等同于穿衣。它是着装人基于自身的阅历修养、审美情趣、身材特点,根据不同的时间、场合、目的,力所能及地对所穿的服装进行精心选择、搭配和组合。在各种正式场合中,注重个人着装的人能体现仪表美,增加交际魅力,给人留下良好的印象,使人愿意与其深入交往。同时,注意着装也是每个事业成功者的基本素养。

无论是哪种场合,都要做到以下几点。

第一,文明大方。在正式场合,忌穿过露、过透、过短、过紧的服装。身体部位的过分暴露不但有失自己身份,而且也失敬于人,使他人感到多有不便。

第二,搭配得体。要求着装的各个部分相互呼应,精心搭配,特别是要恪守服装本身及与鞋帽之间约定俗成的搭配,在整体上尽可能做到完美、和谐,展现着装的整体之美。

第三,个性特征。个性特征原则要求着装适应自身形体、年龄、职业的特点,扬长避短,并在此基础上创造和保持自己独有的风格,切勿盲目追随。

(2) 服饰搭配中的"协调美" 着装协调,便会形成服饰搭配中的"协调美"。协调,是一个寓意深刻、涵义非常丰富的词,在服饰着装中,人们把它引申为"得当、应该如此、合时宜、和外界环境统一"等类似效果的综合体。

服饰搭配中的协调美体现在以下几个方面:服饰搭配着装和外界温度相适宜;服饰着装和个体身份(角色)相适宜;着装和个体所进行的活动相适宜;服饰搭配与个体所在现场的气氛和格调相适宜;服饰搭配与个体的性格、爱好、年龄相适宜;服饰本身搭配上的协调性和一致性。

比如,服饰与年龄、形体要相协调。中山装穿在中老年身上,显得成熟稳重,而穿在青少年身上则会显得老气横秋;超短裙、白长袜穿在少女身上显得天真活泼,而穿在少妇身上就有轻佻之嫌。再比如,要与个体身份相协调。教师的服饰要求端庄大方;医生的服饰要求稳重、朴实,给病人可信赖感;政治家、公众人物是媒体关注报道的对象,他们的穿着更不可掉以轻心。又比如,要与所在现场的气氛和格调相适宜。喜庆的场合穿着不能太古板,庄重的场合穿着不能太随便,悲伤场合穿着不能太刺目。

(3) 服饰中的色彩搭配 服饰中的色彩搭配具有某种社会象征性,许多色彩象征着某种性格、情感、追求等。

【案例2】
安娜的舞会长裙

列夫·托尔泰的《安娜·卡列尼娜》中有这样一段情节:在安娜和渥伦斯基相识的舞会上,安娜穿着全黑的天鹅长裙,长裙上镶威尼斯花边,闪亮的边饰把黑色点缀得既美丽安详,又神秘幽深,这同安娜那张富有个性的脸庞十分相称,当安娜出现在舞会的门口,吸引了在座所有人的视线,吉蒂看到安娜的装束后,也强烈地感受到安娜比自己美。安娜的黑色长裙在轻淡柔曼的裙海中显得高贵典雅,与众不同,也与安娜藐视世俗的个性融为一体。

服装色彩搭配得当,可使人显得端庄优雅、风姿卓著;搭配不当,则使人显得不伦不类、俗不可耐。要巧妙地利用服装色彩神奇的魔力，得体地打扮自己，就要掌握服装色彩搭配技巧。

① 同种色相配，即把同一色相，明度接近的色彩搭配起来，如深红与浅红、深绿与浅绿、深灰与浅灰等。

② 邻近色相配，即把色谱上相近的色彩搭配起来，如红与黄、橙与黄、蓝与绿等色的配合。这样搭配时，两个颜色的明度与纯度最好错开。

③ 主色调相配，即以一种主色调为基础色，再配上一两种或几种次要色，使整个服饰的色彩主次分明、相得益彰。

④ 对比法，即把不同色彩相配。在不同色相中，红与绿、黄与紫、蓝与橙、白与黑都是对比色。对比的色彩，既有互相对抗的一面，又有互相依存的一面，在吸引人或刺激人的视觉感官的同时，产生出强烈的审美效果。

无论如何，服饰配色都要坚持一条最为基本的原则——调和。一般来说，黑、白、灰三色是配色中的最安全色，最容易与其他色彩搭配以取得调和的效果。

(4) 服饰礼仪

① 西装礼仪。西装是一种国际性的服装，穿起来给人彬彬有礼、潇洒大方的深刻印象。西装一般由衬衫、外套、长裤、领带和马夹组成，它的穿着比较讲究。

a. 衬衫。衬衫一般应遵循以下要求。

其一，选用面料为高织精纺的纯棉、纯毛面料，或以棉、毛为主要成分的混纺长袖衬衫，硬领尖角式的，领口一定要挺直，不能有熨斗折痕，而且要比外套的领子高出1.5厘米左右，并贴紧。

其二，颜色要考虑与外套相配，以无图案为佳，以纯色为宜，其中白色为最容易搭配的颜色。

其三，袖口应略长出西装袖口约2厘米。下摆不可过长，而且要塞进裤子里，不要散在外面。

其四，衬衫配领带时，应把所有的扣子系上，不能将袖子卷起。不系领带时，最上面扣子不要扣。不穿西装外套只穿衬衫打领带仅限室内，而且正式场合不允许。

b. 外套。西装的外套穿着要求挺拔，不能有皱褶。衣长以略高于臀线为宜。在穿着之前，要把袖子上的商标（小布条）剪掉。

西装讲求以直线为美，穿西装尤其强调平整、挺拔。所以这就要求上衣口袋只作装饰，或可装折好花式的手帕，如三角形、三尖形、双尖形、花瓣式等形状的手帕，能使男士凭添风度。西装左胸内侧衣袋，可以装票夹（钱夹）、小日记本或笔。右侧内侧衣袋，可以装名片、香烟、打火机等。

c. 长裤。西装的长裤的立档长度以裤带的鼻子正好通过胯骨的上端为好，裤长以裤脚接触脚背、一般达到皮鞋后帮的一半为佳。裤线要清晰、笔直。裤扣要扣好，拉锁全部拉严。

裤兜也与上衣袋一样，不能装物，以求裤型美观。但裤子后兜可以装手帕、零用钱等。而且，把两手随意插在西装衣袋和裤袋里，也是有失风度的。

d. 领带和马甲。领带通常被称作"男子服饰的灵魂"，穿着西装，领带起着画龙点睛的作用。一般主选真丝或纯毛材质。在颜色的选择上可选用与外套颜色相称、典雅朴素的领带。领带的长度以大箭头垂到腰带下沿处为佳，上下可浮动一寸左右。

领带夹主要为了固定领带，同时也起到美观的作用，一般情况夹在衬衫的第三、第四粒扣子中间，即衬衫口袋中部略上一点；也可将领带夹别在里面而不外露，只起固定作用。

在穿马甲或毛衣时，一定要将领带放在毛衣、马甲里面，同时注意毛衣、马甲的下摆切不可塞进裤子里面。

e. 配套的鞋袜。配袜子也应讲究，不可忽略。袜子的颜色应与皮鞋相同或接近，一般为黑色、深蓝色或藏青色，绝对不能穿花袜子或白色袜子。男子袜子的质地一般以棉线为宜，长度要高及小腿部位。

男子着西装的"三个三"原则。

三色原则：正式场合，着西装套装全身上下不超过三种颜色。

三一定律：着西装正装，腰带、皮鞋、公文包应保持同一颜色（黑色为佳）。

三大禁忌：西装左袖的商标没有拆；穿白色袜子、尼龙袜子出现在正式场合；领带的打法出现错误。

② 女士着装礼仪　对于爱美的女士来说，了解着装的常识，可以使自己着装得体、大方。

a. 根据身材。衣服就覆盖在身体的外面，它的设计——包括剪裁线条、衣服色彩与细节正好可以夸张、柔和或平衡原来的体型，以"重新划分"或构成人们"所希望"的身材比例。譬如说，葫芦体型的女士穿垫肩时，加宽了肩膀线，使得肩膀至腰线的"倒梯形"更加显著，这样腰部和臀部看起来就会自动少了好几寸！又如当人们穿起高腰设计的服饰时，因为腰线被提高的缘故，自然就产生腿长的视觉效果了。再比如，对于身材瘦高的人，要避免选择垂直线条、过于透明的衣服；对于身材矮胖的人，要避免选择过于鲜艳、大花、大格子的衣服，而要选择垂直线条、颜色素雅、剪裁合体的服装。

b. 根据肤色。对于白皙皮肤的女性，黄色系与蓝色系最能突出洁白的皮肤，令整体显得明艳照人，色调如淡橙红、柠檬黄、苹果绿、紫红、天蓝等明亮色彩最适合不过了。

对于深褐色皮肤的女性，墨绿、枣红、咖啡色、金黄色都会使之看来自然高雅，相反蓝色系则与其格格不入，最好别穿蓝色系的上衣。

对于淡黄或偏黄皮肤的女性，酒红、淡紫、紫蓝等色彩，能令其面容更白皙，但强烈的黄色系如褐色、橘红等则最好不穿，以免令面色显得更加暗黄无光彩。

c. 根据衣着搭配。所谓穿着的协调，是指一个人的穿着要与他的年龄、体形、职业和所处的场合等吻合，表现出一种和谐，这种和谐能给人以美感。一般来讲，上装与下装的质地款式应相搭配，不能上衣厚重而下装轻薄，也不能上衣穿职业装而下装着牛仔裤。此外，还要讲究上衣与下装色彩的和谐统一。

主要的色彩搭配法有以下几种。

其一，呼应法，是指上下同色或类似色，这是最平衡和谐的搭配方法。

其二，对比法，指上下为对比色，如红与黑、白与黑等，这样能够产生鲜明的对比效果，但要注意分寸，否则会弄巧成拙。

其三，点缀法，指在主色调的基础上突出醒目的小块他色，起到点缀的作用。

d. 根据鞋子。比如套装配高级皮鞋，运动装配旅游鞋等。鞋的颜色必须和服装的颜色相配，有一个原则：鞋子的颜色必须深于衣服颜色，如果比服装颜色浅，那么必须和其他装饰品颜色相配。

e. 饰品。装饰品在人装束中起到画龙点睛的作用，因此不得不讲究。

【案例3】
请代我向你的先生问好

小李中专毕业被分配到某公司做文秘工作不久,一次在接待客户时,领导让她照顾一位华侨女士。临分别时,华侨对小李热情和周到的服务非常满意,留下名片,并认真地说:"谢谢!欢迎你到我公司来做客,请代我向你的先生问好。"小李愣住了,因为她根本没有男朋友。可是,那位华侨也没有错,她之所以这么说,是因为看见小李的左手无名指上戴有一枚戒指。

戒指具有明显的象征性,因此戴戒指是有讲究的。按传统习惯来说,戒指通常戴在左手上。而对于右手,也有一个手指戴戒指时是有意义的,那就是无名指。据说戴在这里,表示具有修女的心性。还有一种戒指,无论戴在哪里都不具备任何意义,这种戒指就是一般的花戒。这种戒指只是起装饰的作用,可以戴在任何手指上。国际上比较流行的戒指的戴法是:食指——想结婚,表示未婚;中指——表示已有心上人,已在恋爱中;无名指——表示已经订婚或结婚,小拇指——则表示不想婚恋,奉行独身主义;也有人中指和无名指同时戴戒指,这表示已婚,并且夫妻关系很好。

【案例4】
失败的商务谈判

东华公司办公室人员小沈能讲一口流利的法语,小陈则很喜欢打扮,公司要与法国某公司谈判,古总经理叮嘱担任翻译的小沈和作会议记录兼会议服务的小陈要好好准备,小沈和小陈除了在文本、资料等方面做了准备,还花了一番工夫打扮自己。

正式会谈这天,只见坐在古总经理一旁的小沈衣着鲜艳,金耳环、大颗宝石戒指闪闪发光,这使得古总身上的那套价值千元的名牌西服也黯然失色。

古总经理与法国客商在接待室内寒暄时,小陈拿来了托盘准备茶水,只见她花枝招展,一对大耳环晃来晃去,五颜六色的手镯碰桌有声,高跟鞋叮叮作响,她从茶叶筒中拿了一小撮茶叶放入杯中……这一切引起了古总经理和客商的不同反应,客商面带不悦之色,把自己的茶杯推得远远的,古总经理也觉得尴尬。谈判中讨价还价时,古总一时兴起,双方争执起来,小沈站在古总一边,指责客商,客商拂袖而去。古总望着远去的客商背影,冲着小沈说:"托你的福,好端端一笔生意给毁掉了"

小沈并不知道自己有什么过错,为自己辩解:"我,我怎么啦!客商是你自己得罪的,与我有什么关系?"

珠宝首饰中,戒指、项链、耳环被称为"三大件"。因项链所处的部位(颈下胸前)是全身最明显的地方,故把它看做是"三大件"的核心,所以佩戴项链,必须讲究款式合适、尺寸适度。佩戴项链,要考虑自己的身材、脸色、衣服颜色等因素。对于一般女性来说,短项链可使脸变宽、脖子变粗。身材修长、体态轻盈的女性,应佩戴宝石颗粒较小、长度稍长的项链。体态丰腴的女性,宜佩戴颜色较浅、颗粒较大的宝石项链。另外,项链的颜色应与服饰、肤色有较大的对比度。

女性喜欢戴上形形色色的耳环，显得秀美俊俏妩媚动人，耳环与肤色、脸型、头型、发式、服饰的搭配协调性是很重要的。比如：圆脸形的人适宜选佩链式耳环或耳坠，不要戴又大又圆的耳环；方脸形的人适宜选佩小耳环或耳坠，不要戴过于宽大的耳环；长脸形的人适宜选用宽大一些的耳环，不要戴过长而且下垂的耳环。耳环挂在脸侧，最能吸引旁人的目光，也最难搭配。一定要兼顾脸形、个人的气质、服饰、出席的场合，搭配得当，效果才能加倍。

当在一些正规的场合穿无袖礼服时，应该在修长细腻的手臂上佩戴手镯、手链，可使人仪态万芳、楚楚动人。佩戴手镯和手链均要讲究：一只手臂上，只能戴一件饰品。如果在左臂或左右两臂同时戴，表示已经结婚；如果仅在右臂戴，表示佩戴者是自由不羁的人。

3. 肢体语言沟通

肢体语言也是一种无声的"语言"，人们日常的举手投足都传递肢体语言信息。因此，保持规范、得体的肢体语言也是比较重要的。

（1）站姿

① 正确的站姿。站姿是指一个人站立的姿势，正确的站姿会给人挺拔、大方、精力充沛的感觉。

站姿的基本要求是：抬头平视，嘴唇微闭，双肩平整放松、稍向后沉，有向上提起的感觉，呼吸自然、身躯挺直，收腹，挺胸，双臂自然下垂于体侧，手指自然弯曲并并拢，双腿靠紧立直，膝、两脚跟并拢，脚尖可分开呈45°或60°角，保持身体重心在两脚中间。男士站立时，可双脚分开，不超过肩宽；女士站立时可一脚在前，脚跟靠近另一脚的内侧前端。

站立时，应避免：身体东倒西歪，倚门、靠墙的行为；扣胸、弓背、撅臀；双手叉腰或交叉抱于胸前；双腿交叉站立或随意抖动。这些都会给人留下不严肃、散漫的印象。

② 常见站姿。站姿主要以一个人的脚位为依据进行分类。而男女站姿的主要差异也表现在其脚位与手位的不同。

a. 交手站姿。男女均要保持身体挺直，双手交叉放在腹前，重心放在两脚上。女士要求一脚在前，脚跟靠近另一脚的内侧前端；男士则要求双脚分开小于肩宽。

b. 垂手站姿。男女均要保持身体挺直，双手自然垂于身体两侧，重心放在两脚上。女士要求一脚在前，脚跟靠近另一脚的内侧前端；男士则要求两膝并拢，脚跟紧靠，脚掌呈"V"字形。

c. 背手站姿。身体挺直，双目平视，双手在身后进行交叉，贴在两臀中间，双脚可分可并，夹脚成60°。

（2）坐姿

① 正确的坐姿。正确的坐姿应给人端庄、稳重、自然大方的美感。它要求以下内容。a. 入座时，上体挺直，双目平视，面容平和，下巴内收，要轻、稳、缓的入座。b. 入座后，应至少坐满椅子的2/3，如若需要挪动椅子的位置，应先把椅子移到所需位置处，再缓缓入座。女士入座要文静、优雅，两腿并拢，双脚同时向左或向右。两手叠放在左右腿上，或右手搭与左手之上，相交放于腹部或双腿之上。若是裙装，则应将裙子稍拢一下，慢慢坐下。男士可将掌心向下，自然放于膝盖之上。c. 谈话时，要将上体双膝微微转向交谈者，以表示对交谈者的尊重和重视。d. 在正式场合中，要从椅子的左侧入座，同样，离座时，也要

从椅子的左侧离开。

② 常见坐姿

a. 垂直式。基本要领：上身与大腿、大腿与小腿、小腿与脚部均呈现直角，同时，小腿要垂直于地面；双膝、双脚并拢，此种姿势也被称为"正襟危坐"式，适用于正规场合。

b. 标准式。基本要领：在垂直式坐姿的基础上，女士两脚可呈现小丁字步，男士两脚可自然分开45°，此种姿势适合各种场合。

c. 分膝式。基本要领：两膝左右分开，与肩同宽，小腿与地面垂直，两脚朝向正前方，双手自然放于大腿之上，此种姿势适合一般场合，只适合男士。

d. 屈直式。基本要领：大腿与膝盖靠紧，一脚向前伸，一脚向回屈，两脚前脚掌在一条直线上着地。此种姿势是一种非常优雅的坐姿，适合一般场合，以女士为主。

e. 前伸式。基本要领：双腿与双脚并在一起，可同时向正前、左前或右前伸出一脚左右的距离。同时，又可根据脚位的不同分为两脚完全并拢、小丁字步式和踝部交叉式三种，注意，脚尖切勿翘起。此种姿势适合各种场合，以女士为主。

f. 重叠式。一条小腿架在另外一条大腿之上，并留有大大地空隙，即通常所说的"二郎腿"。它通常被认为是一种不严肃、不庄重的坐姿。

(3) 走姿

① 正确的走姿。走姿是人体呈现的一种站姿的延续，正确的走姿要求的形态是：头要正、肩要平、身体要挺直、步位要直、步幅适度、步速平稳。首先，行走时，身体应当直立、挺胸、收腹、双臂在身体两侧自然摆动，在38°~40°摆幅之间。其次，行走时，脚尖可略微向外或向正前方伸出，女士以一条直线行走，男士可交替在两条平行线上行走，两脚之间距离约一只脚到一只半脚，跨步要均匀，步伐要稳健。最后，男女步态略有差异。男步稍大，矫健、有力，展示阳刚之美。女步稍小，轻捷、飘逸，体现阴柔之美。

② 不雅走姿。身体不定，前俯后仰或左右摇晃；两脚呈"内八字"或"外八字"走路；步子太大或太小；双手反背于背后。

(4) 蹲姿

① 正确的蹲姿。在日常生活中，人们捡起低处的东西时，一般采用弯腰或下蹲的姿势，这就要注意：对女士来说，下蹲时，护住胸口，防止内衣露或透；弯腰撅臀、直腰下蹲均是不雅观的姿势。这些姿势对他人来说都是一种失礼、不敬的行为。不可以双腿敞开而蹲，而应将双腿靠紧，上身挺直，臀部向下，重心下移。

② 常见蹲姿

a. 交叉式。基本要领：下蹲时，要使右脚在前，左脚在后，右小腿垂直于地面，全脚着地。然后，左膝由后面伸向右侧，左脚跟抬起，使得脚掌着地。注意，两腿要靠紧，合力支撑身体。同时，臀部向下，上身略微前倾。这种姿势适用于裙子较短的女士。

b. 高低式。基本要领：下蹲时，要使右脚在前，左脚稍后，同时两腿要靠紧并向下蹲。在右脚全脚着地时，小腿基本垂直于地面，左脚脚跟要提起，脚掌着地。此时，左膝低于右膝，左膝内侧要靠近右小腿内侧，形成右膝高左膝低的姿态，臀部向下，基本上以左腿支撑身体。这种姿势适用于男士和女士。

(5) 身体接触　生活当中，常用的身体接触方式包括：握手、拍肩膀、拥抱。下面主要介绍握手。

握手是社交场合中运用最多的一种交际礼节形式。握手除了是见面时的一种礼节之外，还用来表示欢迎、欢送、见面、相会、告辞、祝贺、感谢、慰问、和好、合作等。

① 不同场合

a. 在被介绍与人相识、双方互致问候时，要与对方握手致意。

b. 当对方有高兴事或喜事时，握手以表示庆贺。

c. 当接受礼品时，与对方握手以表示感谢。

d. 领奖时，要与发奖者握手。

e. 对久别重逢的友人或多日未见的同事相见时应热情握手以表示问候、关切和高兴之意。辞别时，应以握手表示希望再次相见。

f. 宴会结束后，应与对方握手以表示感谢。

g. 参加友人、同事的追悼会，离别时，应和死者的主要亲属握手，表示劝慰并节哀之意。

② 常见样式

a. 支配式。也称"控制式"握手。用掌心向下或向左下的姿势握住对方的手。以这种样式握手的人希望以此表达自己的优势、主动、傲慢或支配他人地位。

b. 无力型。无力型握手，又称"死鱼式"握手。握手时伸出一只无任何力度的手，给人的感觉像是握住一条死鱼。这种人的特点不是生性懦弱，就是对人冷漠无情，待人接物消极傲慢。

c. 双握式。也称"手套式"握手。握手时用双手握住对方的右手或用右手紧握对方右手的同时，再用左手加握对方的手背、前臂、上臂或肩部。使用这种握手方式可表示对对方更加尊重、亲切，也可表示更加感激、有求于人之意。但这种握手方式最好不要用在初见几次面的人身上，以免让对方引起不必要的误会。在美国，这种样式也称为"政客式"握手。

d. 平等式。这是一种标准、最常见的握手方式。握手时，双方都伸出右手，手掌垂直于地面，双方掌心相对。它是一种友好的、礼节性的见面方式，多见于同事之间、朋友之间、社会地位相等的人之间。

e. 抠（扣）手心式。两手相握后，不是很快松开，而是双手掌缓缓滑离，让手指在对方手心适当停留。这种握手方式一般适用于恋人、情人之间，或心有灵犀的好朋友之间。

f. 捏手指式。握手时不是两手的虎口相触对握，而是有意无意地只捏住对方的几个手指或手指尖部。女性与男性握手时，为了表示自己的矜持与稳重，常采取这种方式，男性只需要轻轻握一下女方的四指就可以了。如果是同性别之间采用这种握手，就显得有几分冷淡与生疏。

g. 谦恭式。又称"乞讨式"握手、顺从型握手或友善式握手。即掌心向上或向左上的手势与对方握手。用这种方式握手的人往往处于被动地位，又可能处世比较民主、谦和、平易近人，对对方比较尊重、敬仰、甚至有几分畏惧。

③ 握手顺序

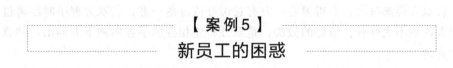

【案例5】
新员工的困惑

小王是公司的一名新职员，这天在公司内遇到了公司总经理，小王立即跑过去，向总经理问好，并伸出双手，去握住总经理的手，却看见总经理微皱眉头，面露不悦之色，小王很纳闷，不知自己哪里做错了。

握手讲究一定的顺序，谁先伸手也是需注意的。根据礼仪规范，握手时双方伸手的先后次序，一般应当遵守"尊者先伸手"的原则，应由尊者首先伸出手来，位卑者只能在此后予以响应，而绝不可贸然抢先伸手，不然就是违反礼仪的举动。在商务场合，握手时伸手的先后次序主要取决于职位、身份。而在社交、休闲场合，它主要取决于年龄、性别、婚否。握手时双方伸手的先后次序大体应遵守如下规范。

a. 男女之间握手。男女之间握手，男士要等女士先伸出手后才握手。如果女方没有握手的意思，男方可改用点头礼表示礼貌。

b. 宾客之间握手。宾客之间握手，主人有向客人先伸出手的义务。对到来的客人，不论男女、长幼，主人均应先伸出手去，表示热烈欢迎，女主人也应如此。

c. 长幼之间握手。长幼之间握手，年幼的一般要等年长的先伸手。和长辈及年长的人握手，不论男女，都要起立趋前握手，并要脱下手套，以示尊敬。

d. 上下级之间握手。上下级之间握手，下级要等上级先伸出手。但涉及主宾关系时，可不考虑上下级关系，做主人的应先伸手。

④ 特殊情况的握手顺序

a. 一个人需要与多人握手，则握手时也需讲究先后次序，先尊后卑，即先年长者后年幼者，先长辈后晚辈，先老师后学生，先女士后男士，先已婚者后未婚者，先上级后下级，先职位、身份高者后职位、身份低者。

b. 在接待来访者时，当客人抵达时，应由主人首先伸出手来与客人相握，表示欢迎。在客人告辞时，就应由客人首先伸出手来与主人相握，再见。若这一次序颠倒，很容易让人发生误解。

c. 交际时如果人数较多，通常可以只与相近的人握手，而其他人可以点头示意或微微鞠躬。

需要注意的是，上述握手时的先后次序可用以律己，却不必苛求于人。若自己处于尊者之位，而位卑者先伸手相握时，应立即伸出自己的手与之相握。如果拘泥于礼仪，对其视若不见，也是失礼于对方的。

⑤ 握手规范

a. 姿态。向他人行握手礼时，地位低的人迎向地位高的人或两个人同时迎向对方。通常距离受礼者约一步（75cm 左右），双方站立，两足立正，上身稍向前倾，伸出右手，手掌垂直于地面，四指并拢，手心高度大致与双方腰部上方齐平，拇指张开与对方相握，微微抖动 3~4 次，时间以 3 秒钟为宜（若是熟人，时间可稍长些）。然后与对方手松开，恢复原状。

向他人行握手礼时，只要有可能，就应起身站立。除非是长辈或女士，坐着与人握手是不合适的。握手之时，双方彼此之间的最佳距离为 1 米左右，因此握手时双方均应主动向对方靠拢。若双方距离过大，显得像是一方有意讨好或冷落一方。若双方握手时距离过小，手臂难以伸直，也不太好看。最好的做法，是双方将要相握的手各向侧下方伸出，伸直相握后形成一个直角。

b. 力度。握手时力度要适中。如为了向交往对象表示热情友好，应当稍许用力，大致握手力度应在两公斤左右为宜。与亲朋好友握手时，所用的力度可以稍大些；与上级或长辈握手时，只需伸手过去擎着，不要过于用力；与下级或晚辈握手时，要热情地把手伸过去，时间不要太短，用力不要太轻；与异性或初次相识者握手时，不可用力过猛，而是象征性轻握。

总之，在与人握手时，不可以毫不用力，不然就会使对方感到缺乏热忱与朝气。但也不宜矫枉过正，要是在握手时拼命用力，则难免有示威挑衅之嫌。握手力度应根据交往对象，有的放矢。

c. 表情和态度。首先，与人握手要爽快，不可犹豫、迟疑。其次，与人握手时，要神态专注，热情、友好，自然，大方。面带微笑，目视对方，并口道问候。如"您好！""欢迎您！"等。

【案例6】
错误的握手

在一次接待某省考察团到访的任务中，小王因与考察团团长熟识，因而作为主要迎宾人员陪同部门领导前往机场迎接贵宾。当考察团团长率领其他工作人员到达后，小王面带微笑热情地走向前，先于部门领导与团长握手致意，表示欢迎。

【案例7】
商业代表团团长不满

某国的商业代表团到一个大国访问，大国的首脑人物接见商业代表团，这位首脑人物与代表团团长握手时，代表团团长心中不悦，因为对方戴着手套和他握手。他为了表示心中的不满，顺手摸出一块手帕，擦了擦刚握过的手，把手帕扔掉了。

d. 握手禁忌。在人际交往中，握手虽然司空见惯，看似寻常，但是由于它可被用来传递多种信息，因此在握手礼时要努力做到合乎规范，并且避免违犯下述失礼的禁忌。

• 不要用左手与他人握手，尤其是在和阿拉伯人、印度人打交道时要牢记这点，因为在他们看来左手是不洁的。

• 不要在握手时争先恐后，而应当遵守秩序，依次而行。特别要记住，与某些信徒交往时，要避免两人握手时与另外两人相握的手形成交叉状。

• 不要在与人握手之后，立即揩拭自己的手掌。

• 在握手时忌另外一只手插在衣袋里或拿着东西。

• 不要在握手时面无表情，不置一词，好像根本无视对方的存在，而纯粹是为了应付。

• 在握手时不要戴着手套、墨镜。女士在社交场合戴着薄纱手套握手，是允许的；患有眼疾或眼部有缺陷者可以戴着墨镜握手。

• 在握手时忌把对方的手拉过来、推过去，或者上下左右抖动没完。

• 不要在握手时长篇大论，点头哈腰，滥用热情，显得过分客套。过分客套不会令对方受宠若惊，而只会让对方不自在、不舒服。

• 在任何情况下，不要拒绝与别人握手。

• 不要在握手时仅仅握住对方的手指尖，好像有意与对方保持距离。正确的做法是握住整个手掌。

- 与异性握手时忌用双手或长久地握住异性的手不放。

4. 面部表情语言沟通

面部表情也是非语言沟通的一种方式，有时候表情可以发挥语言难以表达的作用。眼睛、眉毛、嘴巴、鼻子以及面部肌肉的变化，构成了千变万化的面部表情。

【案例8】 曾国藩的洞察力

某日，李鸿章带了三个人去拜见曾国藩，请曾给他们分派任务。恰巧曾散步去了，李示意那三个人在厅外等候，自己去里面。不久，曾散步归来，李鸿章禀明来意，请曾国藩考察那三个人。曾摇手笑言："不必了，面向厅门站在左边的那位是个忠厚人，办事小心谨慎，让人放心，可派他做后勤供应一类的工作；中间那位是个阳奉阴违，两面三刀的人，不值得信任，只宜分派一些无足轻重的工作，担不得大任；右边那位是个将才，可独当一面，将大有作为，应予以重用。"

李很是惊奇，问："还没用他们，大人您如何看出来的呢？"

曾笑着说："刚才散步回来，在厅外见到了这三人。走过他们身边时，左边那个态度温顺，目光低垂，拘谨有余，小心翼翼，可见是一个小心谨慎之人，因此适合做后勤供应一类只需踏实肯干、无需多少开创精神和机敏的事情。中间那位，表面上恭恭敬敬，可等我走过之后，就左顾右盼、神色不端，可见是个阳奉阴违、机巧狡诈之辈，万万不可重用。右边那位，始终挺拔而立，气宇轩昂，目光凛然，不卑不亢，是一位大将之才，将来成就不在你我之下。"

曾国藩所指的那位"大将之才"，便是日后立下赫赫战功并官至台湾巡抚的淮军勇将刘铭传。

（1）眼睛

① 眼睛会说话。"眼睛是心灵的窗户"，一语道破了眼睛的微观动作能显示人内心情感的语言功能。眼睛是透露人内心世界的最有效途径，人的一切情绪、情感和态度的变化，都可以从眼睛里显示出来，它除了可以表达喜爱、敌意、怀疑、困惑、忧伤、恐惧等多种情绪外，还可以表达惊讶、警告和不同意等态度。

② 瞳孔。瞳孔是指眼睛中间黑色的部分，它是沟通时绝对无法控制的一种非言语信息。根据1960年赫斯等人的研究，瞳孔的放大与收缩能分别传达出正面和负面的信息，当人处于兴奋时，瞳孔扩大，而当人处于消极情绪时，瞳孔收缩。

③ 目光。交流过程中，双方都会不断地用目光表达自己的意愿、情感，与此同时还会适当观察对方的目光，探测"虚实"。不同场合与不同情况，应使用不同的目光。

a. 斜视。斜视表示对人或事物不感兴趣、不确定、具有敌意。在交流过程中，若眉毛上扬或者面带笑容，那就表示出很有兴趣；若斜视目光伴有压低的眉毛、紧皱的眉头或者下拉的嘴角，表示有猜疑、敌意、批判的态度。

b. 眨眼。在交往时，若感觉厌倦、无趣，人们会延长闭眼的时间；若东张西望则表示人们对眼前的人或事缺乏安全感，而想要逃避；若人频繁地眨眼表示压力较大或正在撒谎。

c. 注视的分类。交往场合不同，注视的部位也不同。一般分为公务注视、社交注视和亲密注视三类。

  • 公务注视。公务注视是常用在洽谈、磋商、谈判等严肃场合，目光要给人一种严肃、认真的感觉。注视的位置在对方双眼或双眼与额头之间的区域。一般用于企图想处于优势地位的商人、外交人员等，可以掌握谈话的控制权和主动权。

  • 社交注视。社交注视是指在各种社交场合中使用的注视方式。注视的位置在对方唇心到双眼之间的三角区域。这种注视方式容易形成平等感，让对方轻松自然，一般用于茶话会、舞会、酒会、联欢会等社交场合。

  • 亲密注视。亲密注视是指亲人之间、恋人之间或家庭成员之间使用的一种注视方式。注视的位置在对方双眼到胸之间。这种注视方式能够激发感情、表达爱意。

  • 注意：在整个对话交流过程中，目光接触时间不要超过三秒钟，要保证与对方的眼神交流占谈话时间的30%～60%，这样对方既认为听话人对他有兴趣，又保持若即若离的感觉。若少于30%说明听话人对对方的话题、谈话内容不感兴趣，若多于60%，则表示听话人对对方本人的兴趣要多于他所说的话。

  （2）鼻　与人交谈时，观察鼻子也能得到许多信息，如鼻子发出哼哼声，表示不满；紧张时，鼻子流汗、鼻尖发红；不屑时，一个鼻孔向上提；厌恶时，鼻子向上耸；生气时，鼻子用力呼气等。

  （3）嘴巴　嘴巴有着较为丰富的表达情绪的能力，可以表达生动多变的感情。嘴部的动作，可以直接表现出一个人正在思考他所听到的东西；或者是表示讲话者正在犹豫，并想收回所说的话。如双唇自然、呈轻松闭合状，说明心情平静；紧闭双唇，嘴角微微后缩，表示严肃或专心致志；嘴角向上翘表示愉悦；嘴角下垂表示沮丧；嘴巴张开成O形，表示惊讶；噘起双唇，表示不高兴；把手挡在嘴唇上方，通常代表想要掩饰自己的真正想法等。

  （4）眉毛　当眼睛在传情达意时，眉毛也会积极响应，它也能表达出人们丰富的情感，如舒展眉毛、眉飞色舞、眉开眼笑，表示心情愉快；紧锁眉头，表示遇到麻烦或表示反对；眉梢上扬，表示疑惑、询问；眉尖上耸，表示惊讶；横眉冷对，表示愤怒；眉毛成弓形表示感兴趣或者疑惑。

模拟训练

情景一

  春秋时代，齐桓公会盟诸侯时，卫国国君姗姗来迟，齐桓公很不高兴，决定给予惩罚。一天上朝时齐桓公和管仲策划讨伐卫国之事，退朝回宫，卫姬看到齐桓公，立刻跪拜，求他赦免卫君。齐桓公不解，问她为何如此？卫姬说："我见大王回宫时，趾高气扬，那是要惩罚敌人的姿态；看到我则脸上变色，所以知道大王您要讨伐的是卫国。"第二天上朝，管仲见到他，就说："大王准备放过卫国了？"齐桓公惊讶地问他怎么知道？管仲说："刚刚大王对我作揖，说话速度也比平常慢，脸上还露出愧疚之色，所以知道昨天大王和我商定的事有了变化。"

  从中分析非语言沟通中的信息是如何表现的？

情景二

  一个人走近饭店要了酒菜，吃罢摸摸口袋发现忘了带钱，对店老板说："店家，今日忘了带钱，改日送来。"店老板连声："不碍事，不碍事"，并恭敬地把他送出了门。

　　这个过程被一个无赖看到了，他也进饭店要了酒菜，吃完后摸了一下口袋，对店老板说："店家，今日忘了带钱，改日送来。"

　　谁知店老板脸色一变，揪住他，非剥他衣服不可。

　　无赖不服，说："为什么刚才那人可以赊账，我就不行？"

　　店家说："人家吃菜，筷子在桌子上找齐，喝酒一盅盅地筛，斯斯文文，吃罢掏出手帕抹嘴，是个有德行的人，岂能赖我几个钱。你呢？筷子在胸前找齐，狼吞虎咽，兴头上来，脚踏上条凳，端起酒壶直往嘴里灌，吃罢用袖子抹嘴，分明是个居无定所、食无定餐的无赖之徒，我岂能饶你！"

　　一席话说得无赖哑口无言，只得留下外衣，狼狈而去。

　　讨论：肢体动作是如何体现一个人思想感情、文化修养的？

　　在人际交往中，应如何注意自身的肢体动作？

情景三

　　你将要去某公司面试，你将如何利用形象语言、肢体语言和面部表情等沟通方式展示自己，给对方留下好的印象？

感　悟

1. 通过本次活动，使我感悟最深的是＿＿＿＿＿＿＿＿＿＿＿＿＿＿＿＿
2. 我需要做如下改变＿＿＿＿＿＿＿＿＿＿＿＿＿＿＿＿＿＿＿＿＿
3. 我的近期目标是＿＿＿＿＿＿＿＿＿＿＿＿＿＿＿＿＿＿＿＿＿＿

模块七

职场沟通与协调

知识目标：掌握与上级、下级、同事、客户沟通协调的作用、原则、方法技巧和注意事项。

能力目标：培养与上级、下级、同事、客户沟通的能力，学会协调下级关系和群众关系。

案例赏析

案例一　老练的秘书

一家公司新近招聘进几位员工。在全员会上，老板亲自介绍这几位新员工，老板说："当我叫到谁的名字，就请他站起来和大家认识一下。"当念到第三个名字"周华"时，没有人站起来，"周华来了没有"？老板又问了一声，这时一位新员工怯生生站了起来。"您是不是在叫我，我叫周烨，是中华的华加一个火字旁。"人们发出一阵阵低低的笑声。老板脸上有些不自然。"报告总经理"这时秘书小王站起来说："是我工作粗心大意，打字时把烨字的火字旁丢了，打成了周华。""太马虎了，以后可要仔细点。"老板挥挥手，接着往下念，尴尬局面就此化解了。没过多久，小王得到了升迁。

讨论

1. 秘书小王为什么能很快得到升迁？
2. 新员工怎样做才能让领导不尴尬？

提示

领导的错误不明显无关大碍，其他人也没发现，不妨"装聋作哑"。新来的员工显然没有做到。而必要时要学会给领导提供台阶，秘书小王得到升迁不足为奇。

案例二　打小报告不会为你加分

王凯和李冰同在一家公司工作。李冰在公司人缘极好，他不仅技能精湛，而且总是笑脸迎人，乐于帮助别人，同事对他的评价很高。

一天，王凯有事找经理，到了经理门口时，听到里面正在说话，并且依稀有李冰的声音，他听到李冰正在向经理说同事的不是，平时很多不起眼的小事被李冰添油加醋地说着，并且还说到自己的坏话，借机抬高他本人。王凯不由一阵厌恶。

从此以后，王凯对于李冰的一举一动，每一个表情，每一句话充满了厌恶和排斥感，他无论说任何好听的话，王凯都对他存有戒心。而经理对李冰的态度也发生了变化，因为他也有一双眼睛，他发现有些事并非像李冰所说的那样严重，因而在内心里已生厌恶之感。

可见，搬弄是非的人，是很难在职场中获得同事和上级的认可的，上级并非都喜欢下属向他打小报告，上级有上级自己独立、中立而长期的判断，不会因为某人的一次坏话而改变对另一个人的看法。同事对这种事情更是深恶痛绝。自己职场的成功不能依靠去损贬他人形象而获得。

讨论

简略谈谈自己在成长过程中一段协调的经历（协调父母、兄弟姐妹、同学朋友或师生之间的矛盾），并说一说自己曾在这段协调的过程中不自觉地遵循了协调的哪条原则或采用了哪些协调的方法、策略。

案例三　有情的推销员

一位推销员奉命到印度去谈判一笔很难成交的军火生意。他事先和印度军界的一位将军通电话，但从来不提合同的事，只是说："我准备到加尔各答去，这次是专程到新德里拜访阁下，之见一分钟的面，就满足了。"那位将军勉强地答应了。来到将军的办公室，将军先声明："我很忙，请勿多占时间！"冷若冰霜的态度给人增加了极大的失望感。推销员思索片刻，说："将军阁下，您好！"我衷心地向您表示谢意，感谢您对敝公司采取如此强硬的态度。"将军顿感莫名其妙，一时无言以对。"因为您使我得到了一个十分幸运的机会，在我过生日的这一天，又回到了自己的出生地"。推销员不紧不慢地说道。"先生，您出生在印度吗？"将军冷漠的脸上露出了一丝微笑。"是的！"推销员打开了话匣子，"1929年的今天，我出生在贵国名城加尔各答。当时我父亲是法国密歇尔公司驻印度的代表。印度人民是好客的，我们一家的生活得到了很好的照顾"。接着，推销员又深情地谈起了他对童年生活的美好向往："我过4岁生日的时候，邻居的一位印度老大妈送给我一件可爱的小玩具，我和印度小朋友一起坐在象背上，度过了我一生中最幸福的一天……"将军被他的一番情真意切的话语深深感动了，当即提出邀请说："您能在印度过生日太好了，今天我想请您共进午餐，表示对您生日的祝贺。"汽车驶往饭店途中，推销员打开公文包，取出颜色已经泛黄的合影照片，双手捧着，恭恭敬敬地展放在将军面前。"将军阁下！您看这个人是谁？""这不是圣雄甘地吗？"将军吃惊地说道。"是呀！您再仔细瞧瞧左边那个小孩，那就是我。4岁时，我和父母一道回国途中，曾经十分荣幸地和圣雄甘地同乘一条船，这张照片就是那次在船上拍的。我父亲一直把它当做最宝贵的礼物珍藏着。这次，我要拜谒圣雄甘地的陵墓。""我非常感谢您对圣雄甘地和印度人民的友好感情。"将军紧紧握住了推销员的手。当推销员告别将军回到住处时，这桩生意已成交。

讨论

这位推销员用了什么方法使得生意成交？

提示

在经营、推销的活动中，既要知彼，又要知己，同时再加上巧妙地周旋，艺术地交谈、推销，说客户喜欢听的话，就能赢得客户心甘情愿解囊，在生意场上做到游刃有余、纵横驰骋。

案例四　摩托罗拉的有效沟通

摩托罗拉公司于1992年在天津经济开发区破土兴建它的第一家寻呼机、电池、基站等5个生产厂，成为摩托罗拉在其本土之外最大的生产基地，投资额比原来最初的投资增加了9倍，工人数从不到100人增加到了8000多人。年产值达28亿美元，这是一个在华投资成功的企业。在摩托罗拉公司，每一个摩托罗拉的高级管理层都被要求与普通操作工形成介乎于同志和兄妹之间的关系——在人格上千方百计地保持平等。"对人保持不变的尊重"是公司的个性。最能表现摩托罗拉"对人保持不变尊重"的个性是它的"Open Door"。所有管理者办公室的门都是绝对敞开的，任何职工在任何时候都可以直接推门进去"与任何级别的上司平等交流。"每个季度第一个月的1日到21日，中层干部都要同自己的手下和自己的主管进行一次关于职业发展的对话，回答"你在过去三个月里受到尊重了吗"之类的6个问题，这种对话是一对一和随时随地的。摩托罗拉的管理者们为每一个下层的被管理者们准备出了11条"Open Door"式表达意见和发泄抱怨的途径：

① I Recommend（我建议）
② Speak Out（畅所欲言）
③ G. M Dialogue（总经理座谈会）
④ Newspaper and Magazines（报纸与杂志）
⑤ DBS（每日简报）
⑥ Townhall Meeting（员工大会）
⑦ Education Day（教育日）
⑧ Notice Board（墙报）
⑨ Hot Line（热线电话）
⑩ ESC（职工委员会）
⑪ 589 Mail Box（589信箱）

讨论

摩托罗拉的11条表达意见和发泄抱怨的途径能起到怎样的作用？

理论指导

一、与上级沟通与协调

不是所有人都能成为领导，但是几乎每个人都会成为下属。和自己的顶头上级打交道，是人们日常工作的重点，沟通的效果既会体现沟通能力，又会影响发展前景，因此如何与上级沟通要引起每个人的高度重视。

（一）与上级沟通协调的作用

在工作中及时与上级沟通，可以提供员工参与管理的机会，减少员工因不能理解上级信息的误失，营造民主式管理文化，提高企业创新能力，缓解工作压力。

(二) 与上级沟通与协调的原则

1. 尊重上级，是与上级沟通的前提

古语云："事上敬谨，对下宽仁。"下级对待上级要尊敬，上级领导不仅使用权力，也需要威信与影响力。尊重领导，是心理成熟的标志。当一个人满足了领导对于尊重的需要时，他同样会得到很好的回报。当然尊重不等于是盲目地顺从。"尊重领导"是指部属尊敬、敬重领导。这里的尊重，主要是内心的敬重，来源于思想上的一致、情感上的共鸣以及对领导言行、品格、作风和处事方式的认可。而"顺从领导"是指无论正确与否，都无条件地听从领导的指令、安排和意见，无原则地执行其命令，是部属对"尊重领导"的误解。顺从领导反映的是部属不健康的心态，传递的是部属对领导的迎合和奉承，体现的是人与人关系的不平等，实质上是对领导不尊重。

2. 踏实搞好本职工作，是与领导沟通的基础

无论从事什么工作，兢兢业业、踏踏实实地做好本职工作是良好沟通上下级关系的基础。

有的人常在领导面前夸夸其谈、言过其实，特别喜欢在领导面前表现自己，这些只能获得领导暂时的信任，领导很快就会感到他"华而不实"。

能把自己的发展目标与单位或企业的发展目标相融合，乐于助人，忠诚于自己的单位、忠诚于自己的事业，这类员工是领导最喜欢的。

3. 摆正位置，领悟意图是与领导沟通的根本

"出力而不越位，建功而不表功"，不要过分表现自己，突出自己，更不要张扬自己帮助上级做了什么。

和上级打交道，要能够领悟上级的意图，领导要你做什么？要你怎样做？应该有默契，有时一个手势、一个眼色，都要能够心领神会。

4. 协调工作中，下级始终处于从属地位

在协调工作中下级始终要把自己的角色定位在从属位置上。即使是单位办公室工作人员，也是为领导当参谋、做服务工作的，因此，下级的协调实际上是协助领导做好协调工作。这就决定了下级协调工作的从属性质。下级在协助领导从事协调工作时，必须摆正位置，做到既主动又不越权。

下级在协调中必须坚持原则，严格依照法律法规及政策规章处理问题。要注意调查研究，坚持实事求是，一切从实际出发。调查研究是协调处理问题的基础，也是做好协调工作的基本功。

【案例1】
刘秘书的有效协调

某公司由国有企业改造成以私营资本为主的股份制公司后，公司董事长兼总经理采取了一系列措施改革，如实行分配制度改革、下岗分流举措等。改革在公司内部引起了轩然大波，一些个人利益被触动者开始不满闹事。一天，总经理外出公差，公司办公室秘书刘林在总经办值班，门外一片喧哗，有群众堵在门口，要求见总经理讨要一个说法。

此时，刘秘书应该怎么办？

同学们讨论，应用什么方法予以协调？

刘秘书可采用如下方法予以协调。

① 现场调查。弄清闹事缘由，一为固定工资被打破，绩效工资与工作业绩挂钩，收入大为减少；二为被下岗分流，大锅饭体制被打破（突发事件个案调查）。

② 晓之以理。从大处宣讲国企改革是国家改革的重要举措和政策，大势所趋；从小处着手解释企业股份制改造是企业摆脱困境的唯一出路，只有改革，企业和员工才有出路。公司出台一系列政策的必要性。

③ 动之以情。协调之法很多，攻心之法为上。要以真诚对待群众，在力所能及范围内帮他们解决困难。如站在群众角度，了解他们目前的困境和苦衷，对确有困难的员工情况予以登记，如实上报，在公司实施改革政策时给予一定的帮助和扶持，使他们渡过难关。

（三）与上级沟通的技巧

1. 了解上级

（1）了解上级的个性与工作作风　从领导作风来分类，可以把领导分为专制型、民主型和放任型三种。专制型上级要求被领导者绝对服从，在工作中发号施令，表现出雷厉风行的特征。民主型上级注重集体智慧，重大事情由集体领导决定，也诚恳地欢迎下属提一些建设性的意见，注重单位内的人际和谐。放任型上级喜欢把权力分散下去，善于调动广大员工的积极性，给人友好随和、不拘原则的印象，情绪表现不热烈，没有多少喜怒哀乐的极端表现。

一般来说，当一接触上级，从言谈举止就可以得到比较准确的判断，比如喜欢在说话时手舞足蹈、借助强有力的手势者，常具有专制的特征，因为他要么是习惯动作，要么就是在下属面前故作声势；如果说话时总是平易近人、亲切和蔼者，本身就没有在下属面前摆领导架子，一定是一个民主型上级，下属若是在这样的老板面前不注意说话的方式，自高自大，那就必败无疑。

无论上级属于哪一种作风，下属必须调整自己的态度，很好地适应上级。

领导的个性也不尽相同，作为下属，了解领导的个性与做事风格，就能有针对性地做好与领导的沟通工作。

（2）了解上级的需求决定自己的目标　上级的需求包括两个层次：处在逆境中的单位，需要应付外界强大的竞争压力，因而比较注重人才的专业素养；力求平稳发展的单位，可能最需要的是单位内部的人际和谐，不希望有破坏性的因素渗入。此外，不同部门、不同职业，都可能有不同的需求。从微观上来说，上级个人的喜好、利益需求的不同，也在一定程度上决定了择人标准。如有的上级找一个互补型的助手，有的上级选择一个同类型的下属作为"知己"等。因此，在工作中，应根据上级的需求，采取相应的策略，往往可以使很难处的关系得以顺利展开。

（3）了解领导的好恶，可以在工作中避免不必要的麻烦　无论是谁，都会喜欢听一些话，而讨厌听另一些话，喜欢听的就容易听进去，心理上就会觉得舒服。领导也不可能摆脱这种情绪。下属要掌握领导的特点，有倾向性地与他沟通。领导是组织中的核心人物，作为下属，应主动适应他，才能够形成有机的配合力量。好恶的形成往往没有什么道理可讲，即使有些好恶看起来似乎违背了常规、常理、常态，但未对他人造成侵害、对社会秩序形成干扰，也就无须加以指责和校正。人生百态，每个人的好恶都是其中一景。了解领导的好恶，使自己尽快适应。

2. 树立与上级主动沟通的意识——多请示、勤汇报

领导的工作往往比较繁忙，而无法顾及方方面面，保持主动与领导沟通的意识十分重要。作为领导，判断下属对他是否尊重的一个重要因素就是是否经常向他请示和汇报工作，经常与上级领导沟通有助于建立起与上级领导的融洽关系。

聪明的下属知道，每次作出部署、决定，都要先请示，得到领导的首肯。不仅完成任务后要汇报，而且工作进行到一定程度也要汇报，出现了任何情况也要汇报。汇报可以让领导了解工作，得到肯定与支持，方能得到器重和更多发展机会。汇报工作要把握分寸，选择时机，不要选择在领导很忙时以及领导心情不好、很烦躁的时候。

3. 如何向上级提建议

（1）不要否定和批驳上级的意见，不擅权越位　响应是维护领导权威的最好方式，下级对领导的命令应当服从，即便有意见或不同想法，也应执行。如果认为领导的错误明显，和自己的想法严重相左，确有提出的必要，最好寻找一个能使领导意识到而不让其他人发现的方式纠正，让人感觉领导自己发现了错误而不是下属指出的，如一个眼神、一个手势或一声咳嗽都可能解决问题。如领导坚持，下属要放弃己见，按照领导的要求去做。很多时候，下属可能只是从自己的立场出发，并不理解或很难理解上级的用意和想法，领导有自己的考虑，可能不便向下属解释。

（2）灵活变通，让自己的想法被上级接受　即使下属的意见是正确的，最好采取引导、试探、征询的方式说出来，这样更容易被上级采纳。在许多时候，仅仅引导、提供资料、提出建议就足够了，其中所蕴含的结论，最好让领导自己去定夺。同时，聪明的下属往往是提出多种不同的方案，供领导从中作出选择，而仅仅一种方案则有强迫之嫌。

（3）必要时也要说"不"　在日常工作中，下属要积极响应领导的号召，自觉配合领导工作，但的确也会有一些情形，必须要对上级说"不"。比如，上级安排的工作超出了自己的能力，无论如何努力都完成不了；上级作出错误的决定，可能会严重损害个人或者团队利益；或者是上级要求下属违背自己的原则和良心的事——面对这些问题，必须对上级说"不"，不要勉强答应，以免陷入更大的困境。

对上级说"不"，不仅需要讲求方式和方法，更需要讲求一定的技巧，具体的方式要依据场合和领导的风格等多种因素，综合考虑。一般来说，如是上述第一种情况，当准备对上级说"不"时，先答应或部分答应，然后再提出困难点，请上级体谅。如果是第二种情况，尽量应站在上级的立场，协助上级作出正确的决定。不要当众指出上级的问题，不要迫使上级当场表态。尽量促成与上级单独沟通的机会，在拒绝上级的意见的时候一定要给上级一个台阶或者一个备选方案，让上级有台阶下或者有选择。

总之，与上级经常进行富有艺术性的沟通，可以帮下属营造融洽和谐的工作环境，这也是事业取得成功的必要条件。

（四）与上级沟通的方法

1. 主动报告工作进度——让上级知道

在日常工作中，需要主动向上级报告自己的工作进度，不能总让上级来问：你现在在做什么？你做到哪里了？完成了几分之几？

【案例2】
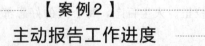
主动报告工作进度

孙小姐是某总经理的下属，最近正在筹备一个重要会议，总经理出差回来一下飞机，她就在车里面向总经理汇报会议的进展情况,她汇报得非常周详,从什么人参加、会场布置得怎么样,到会议的时间安排、具体步骤等,都一一向总经理作了汇报。这就叫做主动报告自己的工作进度,让上级知道。

2. 积极应对上级的各种询问——让上级放心

在沟通时不要上级问一句下属答一句,这样不但使下属很被动,而且也无法让上级完全了解事情的全貌,他也就无法充分了解下属。所以,下属一定要将事情尽量讲得全面、完整。

3. 努力学习,提升自我价值——让上级轻松

在公司里,不同级别人的知识背景和眼界是不一样的。以下就拿楼房的高度作个比喻,如果说总经理在50层,那么副总经理就是40层、经理30层、副经理20层、主管10层、员工2层、门卫1层。假如说A是副经理,站在20层,总经理站在50层,总经理说:"前面风景好美啊,树木葱郁,河流蜿蜒。"A可能会说:"看不到啊,总经理。"事实的确如此,20层怎么能看到那么远的风景呢?而"欲穷千里目",就得"更上一层楼"。想要看到更高更远的景色,A必须登上更高的楼层,也就是说,人们要充实自己,努力学习,向上级看齐,力争拥有和他一样的才学与眼界。

所以,如果下属能够不断地学习,努力提高自己的能力和水平,上级一讲,下属就明白,而且还可以准确无误地去执行,上级自然就轻松了。

4. 接受批评,同样的错误不犯第三次——让上级省心

"颜渊不贰过",说的是孔子有个学生叫颜渊,在他的一生中,同样的错误不会犯两次。常人很难做到像颜渊那样,但至少要做到不犯三次同样的错误。如果下属能够这样做,终有一天可以对老板说:"老板,您放心吧,同样的错我绝对不犯第三次。"如果是这样,上级就省事了。

【案例3】
希尔顿的生存法则

美国旅馆业巨头希尔顿有一次去日本东京,在飞机上遇到了一位女记者。这位女记者问希尔顿:"希尔顿先生,您取得了辉煌的成就,您的经营技巧是什么?我和所有人都想知道。"

希尔顿听后笑了笑,没有正面回答,而是对女记者说:"你到了东京之后,住进我的旅馆,临走时把你不满意的地方告诉我,当你下次来住时,我们不会再犯同样的错误。这也许就是我的技巧吧!"

5. 不忙的时候主动帮助别人——让上级更高效

作为一个积极要求上进的员工,下班后,最好不要对所有正在忙碌的同事说"哎,各位,明天见",然后溜之大吉。在一个人很闲而别人却忙不过来的时候,就应该搭把手,因为这样做不但不会花费太多的时间和精力,而且能赢得同事的信赖和好感。更重要的是,其实这也是协助了上级,帮他分担了一些事情,甚至解决了他的燃眉之急,让他的工作更加高效。

6. 毫无怨言地接受任务——让上级"稍息"

很多领导都遇到过类似下述无奈的事情:本来任务安排得好好的,突然间就冒出来一个计划外的任务，弄得大家措手不及，不知道怎么办才好。

为此，有人提出一个名词——"稍息哲学"，意思就是让上级"休息"。上级一"休息"，下属就变成了一个无可取代的人。

总之，上级分配工作给下属，下属都要毫无怨言地把它接过来。从表面上看，下属似乎吃亏了，但从长远看，还是得到了好处，不但增长了才干、积累了经验，还在不知不觉中使自己成为不可替代的角色，从而为自己事业的进步争取到难得的机会。

7. 主动改善自己的业务——让上级进步

只有上级的业务进步了，才会带来公司真正的进步。上级业务的进步，除了要依靠自身的不懈努力之外，还离不开下属的业务支持，所谓"水涨船高"就是这个道理。

所以，公司里的每一个员工都应该积极主动地提高自己的业务水平，对自己的业务主动提出改善、提升的计划，并切实付诸行动。这个道理其实很简单：销售部经理要取得业绩的提升，不但自己要努力争取订单、争取客户，更要依靠每个销售代表切实履行职责，想方设法提高业绩，只有这样，销售部经理才能真正获得进步。

（五）与上级沟通需要注意的问题

① 新官上任，应立即改口，称呼其新职位。避免提以前上级如何。

② 重复上级的要求或记录，使他感到被尊重。

③ 不轻易说："做不到"、"不可能"、"我不干"等，并一定不要和他争论。向对方表达不同意见时，先认同再转折（是、是、但是）。如在规定时间内无法完成工作，不要回答："还没做好"。而应说："再有两个小时就完了"。

④ 养成"请示"的习惯，让上级来"判断"和"决定"，并避免越级报告。要领会上级想法，再把自己的想法归结为上级的启发。

⑤ 难以开口的问题放在最后问，或者通过秘书沟通，可减少冲突。

二、与同事沟通与协调

俗话说得好，一个好汉三个帮。在职场，一个人想获得成功，要靠集体的力量，没有他人的理解和工作中的配合，事业是很难成功的。因此与同事沟通对一个职场中人来说是成功的关键因素。和同事相处是一门学问，下面介绍与同事沟通的技巧。

（一）与同事沟通的基础

1. 要以诚相待，平等对待同事

真诚是人与人相处的根本，沟通的有效性在于真诚，"精诚所至，金石为开"。对方认可了一个人的真诚，沟通就有了良好的基础。在办公室里无论是什么样的同事，都应当平等对待，互学互助，建立起和谐的工作关系。

2. 要学会尊重同事

有效的沟通必须做到尊重和理解，不是所有的沟通都能达成共识，意见分歧、观点对立是正常的，重要的是尊重和理解。彼此尊重，首先从自己做起，宜采用商谈、讨论以及提出建议的方式，而不能以"命令"或责怪的口吻把自己的想法强加于沟通对象。

3. 对同事要宽容

世界因多元化而精彩，要容许形式的多样性，风格的多样性，存在方式的多样性。宽容就是尊重个性，不能强求一律。要学会积极主动地适应别人的性格特点；容忍别人有不同的见解和感受，体谅别人的处境，在心理上接纳别人，学会欣赏别人。只有欣赏别人，别人才会欣赏你。

宽容他人，也是自身修养、处世素质与处世方式的一种进步。宽容他人，就是善待自己。在现实生活中，有许多事情，不妨用宽容试着解决，或许它能解决矛盾、化干戈为玉帛。

（二）与同事沟通的技巧

1. 灵活表达观点

和同事意见相左，或看到同事有明显错误或缺点，如果无伤大雅，不关原则，大可忽视，不必斤斤计较。即便是确有必要指出，也要考虑时间、地点和对象的接受能力，委婉指出。如果过于直率，即使是实话实说，也不受欢迎。沟通中的语言至关重要，应以不伤害他人为原则，不用直言伤害的语言；要用鼓励的语言，不用斥责的语言；用幽默的语言，不用呆板的语言等。

2. 赞美常挂嘴边

同事的进步，要适时关注，适当赞美，同事的微小变化也要注意发现。要时常面带微笑，对他人微笑本身就是一种赞美。微笑的魅力是无穷的，每次走到办公室里，要抬头挺胸、积极阳光、微笑着向同事问好，情绪是会感染他人的。只有这样别人才愿意与之交往。

3. 务必要少争多让

不要和同事争荣誉，这是最伤害人的。帮助同事获得荣誉，会增添个人的人格魅力。要远离争论，对一些非原则性的问题，切忌争执，否则，只能使双方受到伤害，百害而无一利。

4. 与同事勤联络

在激烈竞争的现实社会中，空闲的时候给同事打个电话、写封信、发个电子邮件，哪怕只是片言只语，同事也会心存感激。对进入自己人际圈的同事要常常联络，一个电话、一声问候，就拉近了彼此之间的距离。

（三）与同事沟通的忌讳

1. 切忌背后打小报告

尊重别人的隐私是保护自己的最好方法。决不能把同事的秘密当作取悦别人或排挤对方的手段，害人之心不可有。以宽容、平和的心对待别人的隐私，可以减少不必要的危险和烦恼。

2. 切忌将所有责任背上身

很多人不会拒绝同事的请求，怕得罪人，企图在办公室做一个老好人，这样的想法是错误的。谨记自己不是超人，一个人并不能解决所有问题。所以最好专注去做重要和较紧急的工作，这比每件工作都做不好要理想很多。委婉地道出自己的苦衷，说出自己的原则，必能获得同事的谅解，赢得对方的尊重。

三、与客户沟通与协调

客户是公司的衣食父母，是公司存在的根本。与客户沟通的能力决定着企业的营销能力和服务水平。只有有效的沟通，才能发现客户需求，为客户提供优质高效的服务，更好地推销产品。

（一）与客户沟通的作用

竞争越来越激烈的时代，企业要想发展，每一名员工，都要努力提升与客户沟通的水平。

(二) 与客户沟通的技巧

与客户沟通要把握好三个环节：了解客户、触动客户、维系客户。

1. 了解客户

(1) 通过倾听来了解　学会倾听，不仅仅是听客户说话的内容，更重要的是在与客户的沟通中，揣摩客户说话的原因（目的），是如何表达的（语音语调），听上去的感觉（词语的选择），说话的时机（与接收者的心理活动相关），以及在话被说出来的时候看上去的感觉以及内心的感觉等。要想在和某个潜在客户对话时了解谈话的实际内容，需要调动整个身心投入谈话。从而透过表面谈话内容"感知"其实际想表达的内容。

(2) 通过提问来了解　和客户交谈，尤其是在推销产品时，要学会提问。提问是一门非常有趣的学问，首先要善于提问，如果只是一味地向客户推销，就会打击客户的购买欲望。其次问题提得恰当，不能所有问题千篇一律，也不能忽略客户当时的情绪状况。

只有将提问一步一步地深入到客户的内心，才能了解客户的真正需求，成功的可能性就越来越大。

销售员就要掌握以下一些提问的技巧。

① 主动式提问。主动向客户提问，就是销售员通过直接提问让客户说出他想要的产品，如果客户配合回答，销售员会很容易了解客户的需求及其自身情况。这种方式比较适合那些与销售员沟通较好的客户。

② 选择式提问。选择式提问是销售员常用的一种提问方式，它可以限定客户的注意力，使客户在限定范围内作出选择，通过这种提问方式，销售员能掌握整个谈话的主动权。销售员把要介绍的产品分成几类，让客户从中选出一个或几个，这样方便明白，也能让销售员容易找到解决的方法，销售起来更加便捷。

③ 建议式提问。建议式提问对一些拿不定主意的客户来说是非常有效的。销售员可以主动向客户说明产品的优点，同时也要让客户认为销售员提的建议是正确的，这样客户就会很快地自己作出决定。在销售过程中，销售员应该多利用建议式提问来了解客户需求，在提问的过程中尽量要让客户多说"是"。这种提问方式不但可以帮客户挑选出他喜欢的产品，也可以赢得客户的信任。

④ 诱导式提问。这种提问方式是要求销售员一步步地诱导客户跟随销售员的思路走，没有客户回想的时间。这样用一个预先做好的框架，就可以引导客户作出销售员想要的回答。

⑤ 重复式提问。重复式向客户提问是以问话的形式重复客户的语言或观点，这样让客户觉得你是很认真地倾听他的谈话，是尊重他的。销售员以问话形式重复客户的抱怨，让客户感到他们的意见已受到重视，相应的，其否定情绪也会减弱，在这基础上，再用提问的方法说出自己想说的话，这样接下来的沟通会比较容易。

2. 触动客户

想要客户认同自己的公司、产品，包括销售员个人，就要学会触动客户。

(1) 赞美认同与关怀感恩　赞美顾客一定要诚恳。顾客对真诚的赞美是不会拒绝的。顾客是上帝，在与顾客的沟通中要自始至终表现出热忱的欢迎和诚挚的感谢，要树立"为顾客服务不是给予，而是报答"的思想。

(2) 描绘美好未来与唤起眼前危机　人们做事情最根本的动力是：追求快乐与逃避痛苦。和客户沟通的过程中要强调假如买了以后可以带来的好处和利益，以及假如不买所带来的坏处和损失。尽可能描绘得具体详细，让客户有种身临其境的感觉，能促使客户早下决定。

(3) 苦练内功推销自己　有人说，三流的推销员推销产品，二流的推销员推销公司，一流的推销员不仅推销产品、推销公司，更重要的是推销自己。

(4) 对症下药，因人而异　要根据不同的客户特点、个性采取不同的沟通方法。下面这段话有很好的启示：仁义者动情；明智者说理；好炫耀者夸奖；好言者倾听；好强者激将；好面子者提示；贪婪者送礼；无主见者给借口。因人而异，投其所好，善说者之道也。

3. 维系客户

开发一个新客户的成本要远远地高于维系一个老客户的成本。维系客户的方法如下。

(1) 搜集客户信息，建立客户档案　从第一次和客户接触时就要有意识地搜集客户基本资料，然后不断地完善。客户档案一般包含这样的信息：客户的姓名、性别、年龄、生日、工作单位、地址、E-mail、兴趣爱好、家庭成员情况、联系电话、身份证号码、体质类型、健康状态；每一次商谈的内容、购买的产品、规格、数量、购买时间、产品消费记录、投诉记录、投诉处理结果等。收集到这些信息后，还要对数据进行检查、挑选、修改和更新，以保证数据的可靠性、真实性与及时性。

(2) 采用多种方式，与客户联系　对客户的售后维系不会花费太多的时间，但是会让客户感觉到没有忘记他们。有的时候，一张小小的卡片、一个祝福的电话、一个联络的邮件、赠送客户一个小礼物，都可帮助销售人员维系客户关系，使客户成为永续的资源。与客户接触联系的方法主要有以下几种：登门拜访、电话沟通、事件召集、信件沟通、网络沟通等。

(3) 做些额外的服务使客户从满意到愉悦　要巩固和维系客户，销售人员就必须经常主动与客户联系，为客户提供便利及反馈通道，回馈客户。例如，老客户介绍朋友来购买产品，价格一律优惠5%，这样新客户就会很高兴，老客户也会很有面子，另外对于老客户还有相应的礼品赠送，这样让客户觉得确实得到好处，可以让客户感觉到只有他才有这种专属的礼遇。这样的销售政策会通过销售员告诉每一个购买产品的客户，让客户亲身体会到额外的价值，才能与客户建立长久的合作和联系。

【案例4】
35次紧急电话

一天下午，日本东京奥达克余百货公司彬彬有礼的售货员接待了一位来买唱机的美国女顾客，为她挑了一台未启封的索尼牌唱机。但是，事后发现，错将一个空心唱机货样卖给了那位顾客。于是，该销售员立即向公司报告。经理接到报告后，觉得事关公司信誉，马上召集有关人员研究。当时只知道那位女顾客叫基泰丝，是一位美国记者，还有她留下的一张"美国快递公司"的名片。据此仅有的线索，奥达克余公司公关部连夜开始了接近于大海捞针的寻找。先是打电话向东京各大旅馆查询，毫无结果。后来又打国际长途，向纽约的美国快递公司总部查询，深夜接到回话，得知基泰丝父母在美国的电话号码。接着，又打国际长途，找到了基泰丝的父母，进而打听到基泰丝在东京的住址和电话号码。几个人忙了一夜，总共打了35个紧急电话。

第二天一早，奥达克余公司给基泰丝打了道歉电话。几十分钟后，奥达克余公司的副经理和提着大皮箱的公关人员，乘着一辆小轿车赶到基泰丝的住处。两人进了客厅，见到基泰丝就深深鞠躬，表示歉意。除了送来一台新的合格的索尼唱机外，又加送唱片一张、蛋糕一盒和毛巾一套。接着副经理打开记事簿，宣读了怎样通宵达旦查询基泰丝住址及电话号码，及时纠正这一失误的全部记录。

基泰丝说她打开商品时火冒三丈，觉得自己上当受骗了，立即写了一篇题为《笑脸背后的真面目》的批评稿，并准备第二天一早就到奥达克余公司兴师问罪。没想到，奥达克余公司纠正失误如同救火，为了一台唱机，花费了这么多的精力，这些做法，使基泰丝深为敬佩，她撕掉了批评稿，重写了一篇题为《35次紧急电话》的特写稿。

假如没有这35次紧急电话，假如没有奥达克余公司竭尽全力的挽救，销售空心唱机货样的事，势必给公司带来损害，更不会有如此漂亮的结局。《35次紧急电话》稿件见报后，反响强烈，奥达克余公司因一心为顾客着想而声名鹊起，顾客对奥达克余百货公司充满好感，门庭若市。后来，这个故事被美国公共关系协会推荐为世界性公共关系的典范案例。危机时，与客户沟通得当的话，所取得的效果比平时的宣传要好得多。

(三) 与客户沟通的注意事项

1. 与客户沟通要注重细节

与客户沟通具体细节决定成败，只有注重细节，才能更好地服务客户。

① 准时。
② 言而有信。
③ 承诺要留有余地。
④ 给予客户选择的机会。
⑤ 对客户的想法表示理解。

2. 接待客户有"九避免"

① 避免说："我不知道"，应该说："我想想看"。
② 避免说："不行"，应该说："我想做的是……"
③ 避免说："那不是我的工作"，应该说："这件事可以由××来帮助你"。
④ 避免说："我无能为力"，应该说："我理解您的苦衷"。
⑤ 避免说："那不是我的错"，应该说："让我来看看该怎么解决"。
⑥ 避免说："这事你应该找我们领导说"，应该说："我请示一下领导，看这事该怎么办"。
⑦ 避免说："你要求太过分了"，应该说："我会尽力的"。
⑧ 避免说："你冷静点"，应该说："我很抱歉"。
⑨ 避免说："你再给我打电话吧"，应该说："我会再给您打"。

(四) 如何应对"难以对付的客户"

① 顾客怒气冲冲，很可能是因为他们的需要没有得到满足。
② 仔细、耐心倾听并理解顾客的讲话是解决问题的关键。
③ 不设身处地地体谅顾客避免不必要的麻烦。
④ 耐心向顾客介绍产品知识，使他们打消顾虑和不满。
⑤ 解决问题的办法很多，应该找到一个令顾客满意又不使各方利益受到损失的办法。
⑥ 虽不能做到令所有顾客都满意，但销售人员应尽量同他们协商。

(五) 商业机构与客户沟通的注意事项

1. 商业机构应该避免的无声语言

① 把停车场设在离接待处最远的地方，自己方便了，客户不方便。
② 接待处无人或上锁。
③ 接待处没有座位。
④ 顾客排长队，而只安排少量人慢腾腾地服务。
⑤ 顾客按约定时间到来，却无人接待，无人听说过。
⑥ 无人负责给顾客回信等。

2. 商业机构应该避免的标识

以下是商业机构应该避免的生硬标识，因为它们的意思是"你太麻烦了，你不受欢迎"。
① 禁止倚靠。
② 禁止触摸。
③ 禁止拍照。
④ 不收信用卡，不收支票，概不退款。
⑤ 不准带包入内。
⑥ 不准搬动椅子。
⑦ 售出商品概不退换。
⑧ 营业场内不准吃东西。

四、与下级沟通与协调

上级与下级沟通最大的目的，就是要通过沟通，充分调动下级的积极性，使他们的潜力得以最大限度的发挥。

对管理者来说，与员工进行沟通是至关重要的。因为管理者要做出决策就必须从下属那里得到相关的信息，而信息只能通过与下属之间的沟通才能获得；同时，决策要得到实施，又要与员工进行沟通。再好的想法、再有创见的建议、再完善的计划，离开了与员工的沟通都是无法实现的。

沟通的目的在于传递信息。如果信息没有被传递到每一位员工，或者员工没有正确地理解管理者的意图，沟通就出现了障碍。那么，管理者如何才能与员工进行有效的沟通呢？

上级与下级的沟通分为上级与下级群体的沟通和上级与下级个体的沟通。

(一) 上级与下级群体的沟通

1. 有效发布指令

命令是管理的基本形式，"有令必行"是管理工作的原则。命令的目的，是要让下级按照上级的意图完成特定的行为或工作；它也是一种沟通，只是带有组织阶层上的职权关系；它隐含着强制性，会让下属有被压抑的感觉。

(1) 准备、完整地传达指令　上级究竟要下级做什么？怎么去做？花多长的时间？和谁联络？为什么要这么做？经费多少？都应执行之前一一交代清楚。并且用词要礼貌，避免命令的口吻，尽量采取平易近人的沟通方式（如同朋友之间的对话）。

(2) 传达指令之后还要及时予以确认　由于接收信息的偏差，相同的指令可能会产生不同的结果。沟通是接收者理解了什么而不是传达者说了什么，所以进一步询问下属是否理解了命令的要求，及时确认后期实施情况是保证指令有效执行的关键。

(3) 充分放权，调动下级积极性　一旦决定让下级去负责某项工作，就应充分放权，尽可能给他更大的自主权。上级的这种信任会让下级感动，下级也会竭尽全力地完成工作。

2. 积极倾听员工的发言

沟通是双向的行为。要使沟通有效，双方都应当积极投入交流。当下级发表自己的见解时，上级也应当认真地倾听。

当下级说话时，上级在听，但是很多时候都是被动地听，而没有主动地对信息进行搜寻和理解。积极的倾听要求上级把自己置于下级的角色上，以便于正确理解他们的意图而不是上级自己想理解的意思。同时，倾听的时候应当客观地听取下级的发言而不作出判断。当上级听到与自己不同的观点时，不要急于表达自己的意见。因为这样会使上级漏掉其余的信息。积极的倾听应当是听完他人所言，而把自己的意见推迟到说话人说完之后。

3. 注意问题

(1) 恰当地使用肢体语言　在倾听他人的发言时，还应当注意通过非语言信号来表示对对方的话的关注。比如，辅以赞许性的点头、恰当的面部表情、积极的目光相配合；不要看手表、翻阅文件、拿着笔乱画乱写。如果下级认为上级对自己的话很关注，他就乐意向上级提供更多的信息；否则下级有可能怠于向上级汇报。

研究表明，在面对面的沟通当中，一半以上的信息不是通过词汇来传达的，而是通过肢体语言来传达的。要使沟通富有成效，上级必须注意自己的肢体语言与自己所说的话的一致性。

比如，上级告诉下级很想知道他们在执行任务中遇到了哪些困难，并乐意提供帮助，但同时上级又在浏览别的东西。这便是一个"言行不一"的信号。下级会怀疑上级是否真正地想帮助他。

(2) 注意保持理性，避免情绪化行为　在接受信息的时候，接收者的情绪会影响到他们对信息的理解。情绪能使人无法进行客观的理性的思维，而代之以情绪化的判断。上级在与下级进行沟通时，应该尽量保持理性和克制，如果情绪出现失控，则应当暂停进一步沟通，直至恢复平静。

(3) 减少沟通的层级　人与人之间最常用的沟通方法是交谈。交谈的优点是快速传递和快速反馈。在这种方式下，信息可以在最短的时间内被传递，并得到对方回复。但是，当信息经过多人传送时，口头沟通的缺点就显示出来了。在此过程中卷入的人越多，信息失真的可能性就越大。每个人都以自己的方式理解信息，当信息到达终点时，其内容常常与开始的时候大相径庭。因此，上级在与下级进行沟通的时候应当尽量减少沟通的层级。越是高层的管理者越要注意与下级直接沟通。

(4) 当众讲话对下级要有激励作用　当众讲话属于公共场合沟通，如果一位管理者，在大众场合讲话没有鼓动性、言语平平、淡而无味，甚至连条理性都没有，那么这位管理者在下级心里的威望就会大打折扣。这就要求管理者努力提高自己的语言表达能力，训练自己善于当众讲话的基本功，当众讲话能起到振奋士气、激励下级，达到统一思想、统一步调的作用，有利于形成强大的向心力，使下级以满腔的热情投入到工作中去。

(二) 上级与下级个体的沟通

上级应如何有效地与下级建立沟通？重点在于是否在下级最需要的时候、在管理最需要的时候进行第一时间沟通，是否让团队的成员感受到公平、公正和被尊重。因此，需要制定必要的沟通规划。

1. 沟通规划的必备四要素

（1）沟通对象 在沟通规划中，必须将所有下级进行分类，由于工作特点及特性不同，下级有着不同的沟通需求，一般来说，下级工作时间的长短是分类的主要标准，也可以将下级分为管理与技术两种类别或其他分类方式。

为了便于说明，本书以入职时间对沟通对象进行分类，以入职1年为界限将员工分为新员工和老员工。

（2）沟通形式 沟通可以很正式地开展，也可以随意进行，具体取决于沟通的目的。根据沟通的正式程度分，通常有正式、半正式、自由式等三种沟通方式。正式沟通，是指选定场地，在场地内进行目标明确的沟通，以工作沟通为主；自由式沟通，是不拘泥场地、形式的沟通方式，多为关心下级、了解情况或与工作主旨没有直接关联的沟通。半正式沟通则居于两者之间。

无论是何种沟通形式，建立双方公平、亲切、轻松的沟通环境和氛围都是必需的。

（3）沟通时间 以新员工与老员工的分类为例。新员工是企业的一个特殊群体，由于对企业及所在团队并不熟悉，认同度也不高，因此，对新员工的有效沟通直接影响一个新员工融入团队的程度。

① 一般来说，与新员工的沟通至少有五个时间点。

第一次，上班的第一二天。

原因：员工刚入职会根据所见所闻产生对企业的第一印象，第一印象的形成直接影响接下来的员工工作心态，因此，应第一时间了解新员工的想法，及时纠偏，并针对性地解决员工的误解及困惑。如果感觉员工对企业的不认同度很强烈，也可主动与员工达成相互淘汰的口头协议。

第二次，上班一月后。

原因：相对刚入职，上班一月对工作、对团队都已有了实质接触但了解还不够深入，这个时候员工对公司的认同感并不稳固。因此很有必要及时与员工沟通，以利于及时调整员工工作方式方法，给员工更多的鼓励。一方面让员工在接下来的工作中少走弯路，另一方面也及时了解员工的心理动态。

第三次，上班三个月后。

原因：三个月多是试用期结束要转正的时期，这是与员工沟通的关键时间点。

第四次，上班一年后。

原因：这是一个总结的时间。对于一般性岗位的新员工来说，一年的时间足够使新员工向老员工开始转换，这个时候的沟通面谈很有必要。

第五次，员工工作出现重大成绩或重大失误的第一时间。

原因：对于重大成绩或重大失误的沟通，是为奖惩提供准确的依据，也可了解重大事件对员工的影响，以便对该员工的管理提供依据。对员工重大成绩的沟通面谈以激励为主。

② 而对老员工的面谈时间点的选择则为灵活，多在一些事件发生时的第一时间沟通：

第一，定期与老员工进行沟通，如半年一次；

第二，在员工工作上出现重大或突出问题时或生活变故时；

第三，在周期性绩效评估前；

第四，在员工提出离职时；

第五，在员工异动或晋升的第一时间等。

沟通时间的选定依据是员工需要及企业利益的需要，确保不疏漏任何一次，确保第一时间介入沟通。

(4) 沟通地点　沟通面谈地点根据沟通的目的、对象来定，一般分为三类。

① 自由场合。即不论场地，以自由、随性的沟通为目的。比如，新入职第一天的员工，也许在下班的路上就可以聊一聊，或在饭堂里边吃饭边沟通。

② 非正式场合。对场地限制不严格，可以是办公场所，也可以是生活场所。如果发现下级情绪很不好，需要主动与下级进行沟通，可以从关心的角度直接到下级的宿舍里去谈。

③ 正式的场合。一般为室内，没有他人打扰，封闭式进行，一般为目的明确，针对性强的沟通。对周期性绩效评估前或具体工作事件的沟通，更适合在比较正式的场合进行。

2. 上级与下级沟通的实用技巧

(1) 多激励少斥责　每个人都希望别人能了解自己，并给予赞美。上级应适时地鼓励、慰勉、认可褒扬下级的某些能力。当下级不能愉快地接受某项工作任务之时，上级应该说"当然我知道你很忙，抽不开身，但这事只有你去解决，我对其他人没有把握，思前想后，觉得你才是最佳人选。"这样一来使下级无法拒绝，巧妙地把对方的"不"变成"是"。

这一劝说技巧主要在于对下级某些固有的优点给予适度的褒奖，使下级得到心理上的满足，在较为愉快的情绪中接受工作任务。对于下级工作中出现的不足或者是失误，特别要注意，不要直言训斥，要同下级共同分析失误的根本原因，找出改进的方法和措施，并鼓励他一定会做得很好。斥责会使下级产生逆反心理，而且很难平复，会给以后的工作带来隐患。

(2) 批评的策略——"三明治"策略　当下级有人犯错时，上级若要表达真实的感受必须有技巧，否则会具有破坏性。

关心、赞扬的沟通相对来说，更易于开展，而批评，却难得多。上级在批评的过程中，应该告诉下级哪里做错了，而不要损害他的自尊。"三明治"策略是较为适宜的方式。"三明治"策略——夹在两大赞美中的小批评，就是先找出下级的长处赞美一番，然后再提出批评，而且力图使谈话在友好的气氛中结束。这种两头赞扬、中间批评的方式，很像三明治这种中间夹馅儿的食品，故以此为名。

用这种方式处理问题，对方可能不会太难为情，减少了因被激怒而引起的冲突，在很多情况下也是比较有效的。其优点就在于由批评者讲对方的长处，起到了替对方辩护的作用。下级的能力、为人、工作努力等方面，有很多可以肯定的地方，上级如果视而不见，下级可能会觉得不公平，认为自己多方面的成绩或长期的努力没有得到应有的重视，而一次失误就被抓住，大概是上级专门和自己作对。而上级首先赞扬下级，就是避免下级的误会，表明上级、同事对他工作的承认，使他知道批评是对具体事而不是对人的，自然也就放弃了用辩解来维护自尊心的做法。

批评的目的是为了让下级明白如何将事情做好，而不是责备下级。批评下级的原则是具体、善意、讲方式、对事不对人。

(3) 批评的五大步骤　批评的目的是力争帮助下级分析问题所在，让下级明白问题的严重性，促使他们去认真执行下一步改善计划。因此，批评要采取五大步骤，慎重进行。

一是弄清事实真相，二是选择批评方式，第三提出批评依据，第四分析问题所在，第五提出警示后果。

(4) 批评的有效方法　力争对不同的问题和不同的人选择合适的切入点，可以采取暗示式、建议式、鼓励式、幽默式、自责式等方法。

（5）批评的四大忌讳　一是切忌方式粗暴，恶语伤人；二是切忌捕风捉影，主观行事；三是切忌背后批评；四是切忌紧抓不放，再三提及。

（6）恰当处理下级的抱怨　下级对上级有抱怨，一定有原因，作为管理者听到抱怨思想上要重视，要认真倾听下级的抱怨，换位思考，理解下级，深入了解抱怨起因，分析和处理抱怨，及时反馈结果。

（7）如何处理下级间的矛盾　有人的地方就有矛盾，同事之间产生矛盾不可避免。关键是找到解决矛盾的有效方法，要秉公办事，不偏不倚，必要时要进行冷处理。有些无关大局的问题让时间冲淡矛盾，有些问题要做思想工作，提醒下级顾全大局，宽宏大量。同时，解决矛盾需要耐心。

（8）如何与异性下级沟通

① 男上司如何与女下属沟通。男上司与女下属沟通，首先要让女下属明白工作不分性别，男女都一样。不能因为自己是女同志而降低对自己的要求。同时男上司要多赞美、鼓励女性下属，批评女下属要注意方式，顾及女性的自尊心。

② 女上司与男下属沟通。女上司要给男下属一个强硬的形象，让他明白，女上司的工作能力比男人毫不逊色，甚至更胜一筹。对待男下属要有礼而不必优礼，要男下属承担起自己应负的责任。

3. 上级与下级沟通应该注意的问题

（1）以直接上下级的沟通为主　在适当的时间以合理的方式与合适的对象进行必要的沟通，使上级第一时间了解直接下级的工作信息与状态，才能使得团队信息畅通，并第一时间消除所有对工作有不良影响的隐患：如情绪、困境、误解、不良看法等。一般来说，不建议常态的跨级沟通。

以下几种情况下，可以开展跨级沟通：在直接下级的要求并陪同下，与直接下级的下级进行针对性沟通；座谈会或下到基层了解员工动态；直接下级严重不称职，为确保团队稳定，紧急进行的沟通；在直接下级请求下进行的一些必要沟通等。

（2）要关注关心下级　什么时候需要与下级进行沟通？除了上述特定或周期性的时机外，上级要给予下级更多的细心关注和关心，才能发现沟通的时机和需求，因此，一个合格的上级必须时刻关注关心自己的下级，要宽容大度、虚怀若谷，诚心接受下级的意见。

（3）在事情结果产生前进行沟通　沟通是预防，沟通是化解，因此沟通必须提前，在沟通需求产生的第一时间开展。把沟通当作是解决问题的手段是不适当的。例如，年度绩效评估时立即与下级进行沟通与绩效评估结果出来后再与下级沟通进行比较，效果完全不同。后者，极有可能引起下级的不满。

（4）不要在第三者面前公开批评　在第三者面前责备某个人，不仅打击士气，同时也显示上级极端冷酷。这种行为不仅会引起下级的难堪和愤恨，同时在场的每一个人也会有困窘和不安的感觉。一种"我会是下一名受害者吗"的情绪会立刻产生，每个人都会受到威胁，而使工作效率降低。一位优秀的上级不会贬低别人，而应扮演问题解决者的角色，提高工作效率。

（三）上级对下级的工作协调

所谓协调，是指对组织内外的各种影响因素进行调整，特别是通过关系的调整转化组织中的矛盾与冲突，实现既定的组织目标。

协调工作的有效开展，可以免除工作中的扯皮和重复，减少相互之间的摩擦和冲突。需要转化的矛盾冲突，主要有事与事的矛盾冲突、人与人的矛盾冲突、价值观念与价值观念的矛盾冲突。所谓协调也就是这三大矛盾冲突的转化。通过转化矛盾，合理处置，可以减少内耗，提高效率，减少人力、物力、财力和时间的浪费。同时，协调是调动人员积极性的重要方法。协调的主要对象是有血有肉有思想的人。工作协调好了，组织内人员团结合作，人们心情舒畅，就能增强责任感和积极性，充分发挥出各自的聪明才智，使工作充满生机和活力。

1. 对下协调的常用方法

（1）文字协调法　所谓文字，即拟定工作计划、活动部署、订立制度等形式统一认识，协调行动，使工作协调运转。此法具有规范性、稳定性。

（2）信息沟通法　很多矛盾是信息不通造成的隔阂，解决之道就是将有关部门和人员召集一处，如实介绍情况，解除误会，消除隔阂。

（3）政策对照法　对工作众说纷纭，各持己见时，就应对照相关政策、法规，用政策统一思想，达成共识。

2. 协调策略

（1）求同存异策略　上级协调，在听取、了解双方的意见、要求时，应尽可能发现或寻找双方的共同点或接近点，这一点常常可能是打开僵局的关键。有了共同点或接近点，就有了共同的语言，有了讨论的基础，此为"求同"。其他不同意见可以各自保留，不必企求一时都解决，留待以后时机、条件成熟时再进一步协商，此为"存异"。

（2）冷处理策略　当协调对象矛盾较深，当事人又感情用事、闹意气时，上级不要急于求成，可让双方中止会谈，各自冷静下来进行反思，让时间去考验彼此的诚意，上级则可从其他方面多做些积极、促进的工作，以求瓜熟蒂落，水到渠成。

（3）避虚就实策略　当双方为了某些名义、提法或礼节等并非实质性的问题而争执不下时，上级应引导或劝说双方避虚就实、增强理性、注意务实，以彼此的实际利益、根本利益、长远利益为重，多讨论和解决实际问题。

（4）"明""暗"协调策略　"明"协调，即利用各种会议形式和其他公开场合进行协商对话，把问题摆到桌面上来，当面协商解决，达到协调的目的。"暗"协调，是利用非正式场合进行协调，对矛盾比较尖锐复杂、不宜公开协调的问题，采取"暗"协调的方式，暗中周旋，待条件成熟时再转入"明"协调。"暗"协调的特点是被协调各方背靠背，互不见面，靠协调人在中间穿针引线，传递信息，疏通关系，化解矛盾，最终促使矛盾各方"弃暗投明"，握手言和。协调人的技巧在于做好牵线搭桥工作，掌握协调的艺术，只传有利于团结的话，多做"说合"工作，不传不利于团结的话，更不能添油加醋，挑拨离间，加剧不协调。

（5）先易后难策略　矛盾多而复杂，不应企求马上解决或完全解决，而应分析矛盾的主次、轻重、缓急，尽可能采取先易后难的解决办法，良好开始是成功的一半。

3. 与群众关系协调的特殊方法

（1）政策灌输法　晓之以理，以理服人。所谓"理"，大为国家政策，小为单位的相关政策、制度或领导指示。要熟悉、善用相关政策制度。

（2）感情激励法　动之以情，以情感人。人是有感情的，往往因一番肺腑之言或鼎力相助能化解矛盾，联络感情。

(3) **权威利用法** 这是在有关各方固执己见、互不相让，影响领导层决策的贯彻落实时，不得已采取的方法。通过有权威的领导出面干预来统一思想和步骤。

（四）管理协调的特殊方法

1. 职责连锁式协调法

单位各部门、上下之间，分工协作，明确责、权、利，使之环环相扣。"目标管理"即为此法。

2. 制度式协调法

按规章制度、组织程序进行协调解决。发生问题，则按制度追究责任。

3. 例会式协调法

由单位领导牵头，组织有关部门以定期召开例会方法来协调各部门之间的关系。

4. 合署办公式协调法

对于较为复杂或重大问题，由有关部门抽调工作人员联合办公来解决问题。

【案例5】
西瓜垃圾的风波

南方某大城市，某年郊县西瓜大丰收。每天大批西瓜上市，价廉物美，居民消费剧增，结果路边的瓜皮和垃圾成倍增加，环卫局依旧按照原工作惯例装运垃圾，运不完每天剩一些。一个星期后许多地方垃圾堆积如山，苍蝇成群。居民纷纷上诉，居委会把意见反映到上级街道委员会，街道委员会又上告到区政府，向卫生局也作出了有力的反映。区政府和卫生局无权直接向环卫局施加压力，于是联合告到市政府。

市政府的一位副秘书长负责出面协调解决此事。他先到环卫局了解情况。环卫局代表吐露了真情，环卫工作人数少，待遇低。原来平均每天每人要清除2吨垃圾，可这几天由于瓜皮猛增，垃圾也成倍增加，而环卫工人、垃圾车却没有增加。靠工人加班加点，疲劳不堪，而垃圾车多装快跑，又提高了运输成本。环卫局经费少，不堪重负。

副秘书长提议召集卫生局、区政府、环卫局三方开个协调会。环卫局代表提出，这次垃圾积压主要是由西瓜大量增加引起的，而西瓜大量销售，得利部门是商业局（国营瓜果店上缴利润）和税务局（私营个体户水果摊交税），但现在却要环卫局一家承担产生的后果。于是，副秘书又请来卫生局、区政府、环卫局、商业局、税务局的代表共同开会。会上，卫生局、区政府先陈述，环卫局作了"答辩"，商业局、税务局开始不理解，副秘书长反复解释，承认根本责任在市政府，但目前只能协商解决。结果，由商业局提取西瓜利润的2%、税务局提取西瓜税收的2%、市政府再临时补贴一些，筹集到经费，这样，每个环卫工人可增加几十元奖金。环卫工人的积极性增加了，三天以后，积压的垃圾全部扫清，城市恢复了整洁的面貌。

模拟训练

情景一

公司市场部徐经理正在总经理办公室就市场部两名员工的辞职问题与郭总经理讨论着。

徐经理认为应该给他的两名员工加薪，因为他们是人才，公司在一开始有危机时招入他们，正是由于他们的加盟，公司产品的市场被打开了。而现在公司的一切已步入轨道，那两位员工想要离开公司去别处发展。总经理在经过询问后得知他们想走并不是因为薪酬低，而是因为工作不具有挑战性，而且他们认为市场部徐经理的管理方式他们不能接受，他的管理方式使他们不能发挥才能。总经理说不能再给他们加薪了，因为他们的薪酬已经很高了，出于某些原因对徐经理本身的做法并没有说什么。徐经理回到办公室后非常气愤，一直说总经理的不是。

你作为知道原因的总经理秘书，应该怎样协调他们之间的关系。

情景二

有一企业老板写信骂了他的供应商老板，让秘书把信发出去。没过几天，老板对此事很后悔，于是又写了一封信表示歉意，让秘书发走。这时秘书对老板说："上次看到您写信时欠冷静，所以我并未把信发出去，这封道歉信您也不必发了"。

秘书这么做对不对？如果是你，你会怎样做？

情境三

小贾是公司销售部一名员工，为人比较随和，不喜争执，和同事的关系处得都比较好。但是，前一段时间，不知道为什么，同一部门的小李老是处处和他过不去，有时候还故意在别人面前指桑骂槐，对跟他合作的工作任务也都有意让小贾做得多，甚至还抢了小贾的好几个老客户。

如果你是小贾，遇到此种情况，你应该如何与小李沟通？

情境四

你刚刚晋升为部门主任，在你被提升之前，业务平稳发展，但现在业务量下降，因而你想改变工作程序和任务分配。但是，你的员工不但不配合，反而不断地抱怨说他们的前任领导在位时情况是如何如何的好。你怎么办？

情景五

你是一家专门为航天工业提供零部件的生产企业的总经理，李明义是销售分公司经理，他直接向你负责。很长一段时期以来，李明义的分公司总是达不到计划的要求，销售员人均销售收入低于公司平均水平，而且李明义每月的报告总是迟交。在得到年度中期报告后，你决定找他谈谈，并与他约定好时间。但当你准时到李明义办公室时，发现他不在。他的助手告诉你，李明义手下的一位销售部门负责人刚刚突然拜访，抱怨一些新员工上班迟到、中间休息时间太长。李明义马上与那位销售部门负责人去销售部，打算激励销售员们勿忘业绩目标。当他回来的时候，你足足等了 15 分钟。

你公司还有一位叫白露的管理人员，刚从国内某著名大学管理学院获得了 MBA 学位，最近加入了你的公司，任职于财务部门，负责财务计划小组内的工作。但是，白露刚来时间不长，你就发现她在加强个人声誉方面似乎有点不择手段。近来，你听到越来越多有关白露的议论，比如她行为傲慢、自我推销、公开批评小组内其他成员的工作。当你第一次与她就小组业绩进行交谈时，她否认小组中存在问题。她宣称如果有什么的话，那就是她正通过提高小组工作标准对小组业绩产生正面影响。当听到了最近来自她同事的一系列抱怨后，你决定安排时间与白露谈谈。

这个案例中你的两个下属存在问题的关键是什么？你将如何与李明义、白露交谈，使得你在解决问题的同时与下属的关系也得到加强？你将说什么、如何说，才可能达到最好的效果？

感　悟

1. 通过本次活动，使我感悟最深的是_____
2. 我需要做如下改变_____
3. 我的近期目标是_____

参考文献

[1] 张承良. 沟通与协调能力的培养 [M]. 广州：广东人民出版社，2007.
[2] 孙路弘. 说话就是生产力 [M]. 厦门：鹭江出版社，2010.
[3] 常烨. 成功沟通的22条黄金法则 [M]. 北京：华文出版社，2003.
[4] 曾湘宜. 演讲与口才 [M]. 北京：北京工业大学出版社，2006.
[5] 张文光. 人际关系与沟通 [M]. 北京：机械工业出版社，2009.
[6] 何国松. 交际与口才 [M]. 长春：吉林大学出版社，2010.
[7] 梁玉萍. 沟通与协调的技巧和艺术 [M]. 北京：中国人事出版社，2009.
[8] 孙健敏. 管理中的沟通 [M]. 北京：企业管理出版社，2004.
[9] 柳青，蓝天. 有效沟通技巧 [M]. 北京：中国社会科学出版社，2003.
[10] 赵颖. 秘书沟通协调与谈判技巧 [M]. 北京：中国人民大学出版社，2009.
[11] 孙良珠. 哈佛情商课 [M] 北京：企业管理出版社，2010.
[12] 梁利. 情商 [M] 北京：煤炭工业出版社，2010.
[13] 麻友平. 人际沟通与交流 [M]. 北京：清华大学出版社，2009.
[14] 李逾男，杨学艳. 商务谈判与沟通. 北京：北京理工大学出版社，2012.
[15] 许冬华. 社交礼仪. 北京：北京理工大学出版社，2012.
[16] 武洪明，许湘岳. 职业沟通教程 [M]. 北京：人民出版社，2012.
[17] 邵强. 沟通和协调艺术 [M]. 北京：国家行政学院出版社，2011.
[18] 桑德拉·黑贝尔斯著. 有效沟通 [M]. 李业昆译. 北京：华夏出版社，2008.
[19] 李铮峰. 破解沟通密码 [M]. 北京：金城出版社，2010.
[20] 兰馨. 沟通 [M]. 北京：时事出版社，2012.
[21] 苏琳. 沟通的艺术 [M]. 北京：机械工业出版社，2008.
[22] 马银春. 沟通的艺术 [M]. 北京：金城出版社，2012.
[23] 余世维. 有效沟通 [M]. 北京：北京联合出版公司，2012.
[24] 王建华. 沟通技巧 [M]. 北京：电子工业出版社，2011.
[25] 陈琛. 情商决定一生成败的最关键因素. 哈尔滨：黑龙江科学技术出版社，2008.
[26] 牧之. 孙良珠. 哈佛情商课大全集. 北京：企业管理出版社，2010.
[27] 田超颖. 情商决定人生. 北京：朝华出版社，2009.
[28] 郭瑞增. 情商这样提高. 北京：蓝天出版社，2007.
[29] 吴雨潼. 人际沟通实务教程 [M]. 大连：大连理工大学出版社，2011.